KB163666

미셸 푸코

차례
Contents

몸 둘 바를 ^{알게 하는 권력?}

어린아이들은 가만히 있질 못한다. 전철 안에서도 주변 사람들은 안중에 없는 듯 뛰어다니거나 소리 지르면서 소란을 부린다. 하지만 이런 아이들이 초등학교에 들어가면 조용히 제 자리에 앉아 몇십 분 동안 수업을 듣고 있는 것을 보면 신기하기 이를 데 없다. 야생마가 잘 길들여진 것을 보는 듯하다. 어째서 이렇게 변한 것일까? 교사들의 권위 때문인가? 학교제도의 힘인가? 아니면 아이들이 철이 든 것일까? 규칙과 훈련의 힘인가? 어떻든 이것은 아이들의 몸이 학교라는 작은 사회에 길들여진 것이라고 할 수 있을 것이다.

버스 탈 때를 생각해보자. 먼저 버스 번호를 확인하고, 뛰어간다. 천천히 가다가는 차를 놓칠 수가 있으니까. 사람들이 많은 경우에는 줄을 서서 차례대로 탄다. 버스에 올라가는 동시에 바로 요금을 낸다. 안에서는 빈자리에 앉거나(물론 노약자나 장애인을 위한 자리는 비어있어도 앉지 않는다) 서서 간다. 그리고 흔들릴 때 다치지 않도록 손잡이를 잘 잡는다. 다른 사람에게 부딪치거나 발을 밟지 않도록 주의한다. 물론 버스 안에서는 큰 소리를 내거나 다른 사람을 불편하게 하는 실례를 하지 않는 것이 좋다. 물론 이런 사람이 있으면 점잖게 쏘아보거나 간혹 주의를 주기도 한다. 버스 안에서 모르는 사람에게 말을 거는 경우는 내릴 곳을 잘 모를 때일 것이다. 모르는 곳을 갈 때에는 안내 방송을 잘 듣고 있다가 내릴 곳이 가까워지면 하차 벨을 누르고 하차할 문 옆에서 기다린다. 그리고 차가 서면 가능하면 빨리 내린다. 이런 일련의 절차는 익숙한 사람에게는 숨쉬는 것과 다를 바 없겠지만 버스라는 것을 처음 타보는 사람이나 외국인에게는 좀 낯설 것이다. 낯선 눈으로 보면 이런 과정을 능숙하게 소화하는 사람은 상당한 훈련을 거친 것으로 비쳐질 것이다. 일상에서 우리는 이런 버스 타기 외에도 다양한 삶의 공간에서 자기 몸이 일정한 규칙과 절차를 지키면서 생활하는 모습을 볼 수 있다. 피아노나 바이올린을 배우거나 직업교육을 받거나 제식훈련을 받거나 스키를 타거나 물건을 사거나 식사하거나 사교춤을 추거나 작업장에서 일하거나(영화 「모던 타임즈」에서 주인공 찰리가 컨베이어 시스템의 속도에 맞추어서 몸을 기계적으로 움직이는 장면을 생각해보자) 영화를 보는 과정에서 우리 몸은 일정한 틀에 따라서 움직이면서 규칙의 선을 따라간다. 이처럼 개인의 몸이 규율을 지킬 수 있고 일정한 틀에 따르도록 길들여지지 않는다면 어떻게 될까? 어쩌면 인간은 이런 규율 지키기와 몸 길들이기를 통해서 근대를 살아가는 '주체'로 만들어지는 것은 아닌가?

푸코가 드는 다른 예를 보자. 19세기 초에 학교에서 사용된 시간표는 세분된 단위에 따라서 학생의 활동을 규제한다. "8시 45분 : 지도교사의 입실, 8시 52분 : 교사에 의한 집합신호, 8시 56분 : 아동의 입실 및 기도, 9시 : 착석, 9시 4분 : 석판 위에서 첫 번째 받아쓰기, 9시 8분 : 받아쓰기 끝, 9시 12분 : 두 번째 받아쓰기 등".

이런 예는 수업시간이 일정한 목표를 정해놓고 그것을 가장 효과적으로 실행하기 위해서 조직적으로 구성된 것임을 보여 준다. 여기에서는 조금의 시간도 방치되지 않으며 교사는 학생들의 시간을 물샐 틈 없이 관리한다. 이와 비슷한 예로 공장에서 고용시간의 질을 높이기 위해 요구된 생산 활동에 몰두하는 순수하고 양질의 시간을 만들고 조직하는 예나 군대에서 군인의 몸을 세분된 시간의 리듬에 따라 조직하는 규율에서도 볼 수 있다. 이것은 근대적 규율이 개인의 시간을 자연적인 시간이 아니라 보다 높은 효율을 위해서 일정하게 조직함으로써 시간을 잘 활용하는 점을 보여 준다. 이것은 시간을 유효하게 활용하여 개인의 몸을 일정한 리듬과 속도에 따라 움직이도록 하는 방식이다.

다른 예를 보자. '일동 차려' '좌향좌' '뒤로 돌아' '뒤로 3

5

보’ ‘뒤로 취침’ ‘OOO를 세 번 크게 복창한다. 실시’, ‘받들어
총’ ‘행진중에 손은 90도로 흔든다’ ‘행진하면서 왼손은 135
도 각도로 흔든다’ ‘여러분, 제가 호루라기를 불면 일어서세
요’ ‘앞으로 나란히’ ‘2열 종대로 정렬’……, 이런 명령은 개
인의 몸을 어떻게 움직여야 할지를 지시한다. 개인의 몸은 신
호체계에 맞춰 간결하고 정확한 명령에 따라야 한다. 이때 명
령을 이해하기보다는 신호체계에 따라 자동적이고 획일적으
로 반응할 필요가 있다. 이 경우에 몸은 명령 형식으로 주어지
는 신호체계에 따라서 자동적으로 움직이는 기계처럼 된다.
이런 명령과 훈련은 개인의 몸을 정확하게 움직이도록 하면서
틀 지워진 질서 속에 편입시켜서 그들이 한눈팔지 않고 자동
적으로 명령에 따르도록 한다. 학생, 훈련생, 기능을 익혀야
할 사람에게 이런 명령과 신호체계를 사용하는 경우에도 비슷
한 효과를 얻을 수 있다.

　다른 예로 미래를 상상해보자. 영화 「마이너리티 리포트」는
미래의 범죄 사건을 미리 방지할 수 있는 시스템을 정당화하
려는 시도를 주제로 다룬다. 2020년 3월 ×일에 생길 범죄를
미리 알고 있는 경찰은 그 범인이 범행하는 장면을 덮쳐서 그
범죄를 막고 가능한 그를 범인으로 체포한다. 이런 사고방식은
가능한 범죄를 예방하기 위해서 미래에 대한 감시를 요구한다
는 점에서 전자감시사회의 미래상을 보여 주는 예일 것이다.

　이 가운데 몇 장면을 보자. 이런 사회에서는 누가·언제·어
디에서 전철을 타는지 확인하기 쉬울 것이다. 특히 이 경우에

홍채를 읽음으로써 개인을 확인하는 점이 흥미롭다. "너의 눈에는 네가 누구인지 쓰여 있다. 눈은 마음의 창, 아니 너 자신의 창이다." 건물에 들어서거나 백화점에서 걸어 다닐 때에도 광고장치는 그를 놓치지 않는다. Q의 동공을 보자마자, "Q씨, 이번 새로 나온 OOO를 한번 보시죠!" 바로 불특정 다수가 아니라 한 개인에게 광고한다(개인들은 남김없이 노출된 상태에서 항상 자기를 바라보는 시선 밑에 있다. 그 보이지 않는 시선은 그가 무엇을 좋아하는지, 무엇을 마시는지, 무슨 책을 읽고 있는지를 보고(알고) 있는 것은 아닌가?). 어떤 느낌이 들까? 별 볼일 없는 자기를 알아준다고, 자기가 좋아하는 상품을 알려준다고 흐뭇해 할 수 있을까?

어쨌든 주인공은 이 시스템의 열렬한 옹호자로서 범죄 없는 도시를 건설하기 위하여 미래의 범죄를 찾아다닌다. 하지만 그 시스템을 악용하는 자 때문에 생긴 문제를 해결하기 위해서 수사국까지 가야 한다. 하지만 도중에 자기를 알아보는 다양한 감시체계를 피할 길이 없다. 자기 눈을 그대로 지니고 있는 한 말이다. 하는 수 없이 그는 멀쩡한 자기 눈을 도려내고 다른 사람의 눈을 이식한 뒤에야 가까스로 수사국에 접근할 수 있었다.

우리는 영화에서 이런 범죄예방 시스템이 실행되지 않도록 선택하는 사람들의 지혜에 감사하고 싶은 마음이 들긴 하지만, 이런 예들이 9.11 테러 이후 미국의 모든 건물과 거리에 흘러넘치는 감시카메라의 도움으로 개인들의 모든 것을 가시적으로 드러내면서 안전하고 테러 없는 미국을 만들겠다는 의지를 보여 주는 모습의 미래상임을 의심할 수는 없을 것이다. 오늘날의 삶에서 다양한 감시장치들이 피할 수 없는 생활의 일부가 되고, 우리는 이런 장치 안에서 사는 법을 익혀야 하는 것은 아닌가? 나의 신용상태, 내가 구입한 상품들의 목록, 나의 학업성적, 내가 하는 일, 나의 신분, 내가 만나는 사람, 내가 다니는 곳을 누군가 추적할 수 있다면 나는 그런 기록들 안에 살고 있는 것은 아닌가?

푸코의 문제제기 : 서구의 근대 주체를 형성하는 권력 장치

푸코는 어떤 질문을 던지는가? 그는 '다르게 생각하기' 위해서 새로운 질문을 던진다. 그의 질문은 "서구의 근대 주체는 어떻게 만들어지는가?"이다. 보다 쉽게 풀면 '근대인은 어떻게 태어나는가'가 될 것이다.

물론 이 질문은 '인간이란 무엇인가?'와 비슷해 보인다. 서구 근대인도 '인간'이므로 '인간이란 무엇인가'보다 피상적이거나 부분적인 질문처럼 보일 수도 있다. 인간이 아니라 근대인을, 모든 인간이 아니라 서구인을 문제삼는 질문이기 때문이다. 하지만 달리 보면 이것은 모든 시대와 모든 곳에서 똑같은 '인간의 본질'에 대한 추상적인 질문 대신에 보다 구체적인 질문을 던진다고 볼 수도 있다. 사실 이 두 질문은 비슷해 보이지만 사실은 하나로 합칠 수 없는 상이한 질문이고 상이한 사고의 방식에서 나온 것이다.

그러면 먼저 칸트의 질문을 살펴보고 푸코의 질문이 이것과 어떻게 다르며, 어떤 사고방식의 차이를 드러내는지 살펴보자.

칸트는 자신의 비판철학의 과제가 '인간이란 무엇인가?'에 답하는 것으로 보았다. 그는 이런 인간학적 질문이 다루는 문제 영역을 셋으로 나눈다.

> '나(인간)는 무엇을 알 수 있는가?　　　　－인식의 영역
> '나는 무엇을 해야 하는가?　　　　　　　－실천의 영역
> '나는 무엇을 바랄 수 있는가?
> 　　　－인식과 실천을 매개하는 아름다움과 목적론의 영역

그는 이에 대해서 각각 순수이성, 실천이성, 판단력을 (비판적으로) 다룸으로써 각 질문에 답한다.

푸코는 이런 질문에 대해 '서구적 주체는 어떻게 (지식, 권력, 윤리의) 주체로 만들어지는가?'라고 반문한다. 그는 주체가 보편적으로 존재하는 것이 아니라 특정한 방식으로 만들어진다고 본다. 따라서 그는 역사를 뛰어넘은 인간 본질 대신에 역사적 특정 단계에서 특정하게 형성되는 주체를 문제삼는다. 푸코는 이 질문을 지식, 권력, 윤리의 축으로 재구성한다. 이것

을 다음과 같이 정리할 수 있다.

1) 개인은 어떻게 앎의 주체가 되는가?

2) 개인은 어떻게 권력을 행하기도 하고 그것에 복종하기도 하는 주체가 되는가?

3) 개인은 어떻게 도덕적 주체가 되는가?

푸코는 사물에 대한 통제 관계, 타자들의 행위 관계, 자기 자신에 대한 관계를 문제삼는다. 이것은 각각 지식의 축, 권력의 축, 윤리의 축에 대응된다.

그는 자신이 제기한 문제들에 대해 정상과 광기, 병과 건강의 관계, 범죄와 법의 관계, 성적 실천 등을 통해 답하고자 한다. 이것은 서구적 주체가 지식, 권력, 윤리적 실천에 의해 어떻게 주체(sujet)로 되면서 동시에 예속화(as-sujet-tissement)되는지를 밝히는 작업이다.

이 글은 이 가운데 '권력의 문제 틀'에 초점을 맞추고자 한다. 따라서 이 글의 주제는 '권력의 작용을 조건으로 삼았을 때, 서구 근대 주체는 어떻게 만들어지는가?'이다.

푸코는 근대 주체가 특정한 역사적 시기에 특정한 권력 장치를 통해 만들어진 산물이라고 본다. 이런 주체는 규율에 따라 만들어진 유용하고 순종하는 몸을 갖는다.

또한 성 장치에 의해 관리되는 성적 주체이기도 하다. 성 장치에 의해 그 욕망이 만들어진 주체는 자신의 성에서 권력이 부여한 진리를 통해 욕망을 관리한다. 푸코가 근대적 주체를 분석―예를 들어 규율이 신체를 유용하거나 순종하는 존재로 만든다— 할 때 그가 바람직한 신체, 나아가 참된 인간이란 맥락을 문제삼는 것은 아니다. 이런 신체 생산에 어떤 권력 장치가 작동하며, 어떤 기술이 유용성이나 순종을 생산하며, 그렇게 만들어진 신체가 어떻게 기능하는가 등에 관심을 갖는다. 푸코가 볼 때 '주체라는 문제 틀'은 근대적 고안물이다. 그는 이 근대적 산물이 어떤 지식, 과정, 절차, 기술 등을 통해 만들어지는가에 주목한다. 푸코의 주체 만들기에 대한 계보학적 분석은 '주체'를 만드는 권력 장치의 다양한 테크놀로지들이 작용하는 방식이 어떻게 근대적 형식으로 근대인의 생활공간을 구성하는지에 주목한다.

권력을 보는 관점들

권력에 대한 질문방식

권력을 보는 눈은 다양하다. 통상적으로 권력은 권력자가 강제력을 통하여 예속된 자의 의지에 반하여 자기 의지를 관철시키는 힘으로 본다. 푸코는 이런 권력관이 현실적으로 작용하는 다양한 권력 관계를 잘 설명하지 못한다고 보고 (니체의 관점을 참조하여) 개인의 몸에 작용하는 일정한 관계망 속에서 권력의 작용을 살핀다.

그의 질문은 '권력이란 무엇인가'와 같은 권력의 본질에 관한 질문이 아니라 '권력들은 어떻게 작용하는가'를 묻는다(이 질문에서 권력은 단수가 아니라 복수임에 주목할 필요가 있다).

그는 모든 권력들을 설명할 수 있는 본질을 찾지 않고 개인들에게 구체적으로 작용하는 권력들의 기능을 살핀다. 이렇게 작용하는 권력들은 하나의 중심에 의해서 조직되지 않고 다양한 방식으로 다르게 기능하는 권력들이다. 이런 각도에서 접근하는 푸코의 권력 이론의 특성을 정리해보자.

그는 권력 이론을 크게 3가지로 구별한다. 먼저 1) '경제적' 이론과 2) 비경제적 이론을 나누고, 후자를 다시 2-1) 권력을 억압적이고 부정적인 것으로 보는 관점과 2-2) 권력 관계를 일종의 '전쟁'으로 보는 관점으로 나눈다.

경제적 권력 이론의 두 양상 : 실체와 주체의 틀로 보는 권력

그는 자유주의와 마르크스주의가 권력을 '경제적'으로 본다고 주장한다. 어떤 이유로 상반되는 것처럼 보이는 자유주의와 마르크스주의를 같은 틀로 묶는가? 이는 이들이 권력을 상품처럼 소유하거나 양도할 수 있는 어떤 실체로 보기 때문이다. 이 점을 설명해보자.

먼저 자유주의 권력관을 가장 잘 드러내는 사회계약 모델을 살펴보자. 이것은 권력을 계약론 모델에 따라 교환, 획득, 양도되는 대상으로 본다.

'사회계약론'은 부르조아 계급이 기존의 권력 관계를 재편하기 위해서 고안한 것이다. 이것은 사회나 정치공동체를 자연적으로 주어지는 것이나 신의 선물로 보지 않는다(정치). 사회는 '계약에 의해서' 만들어진다. 따라서 모두가 계약서에 합의하고 도장을 찍어서 (또는 그렇게 했다고 생각해서) 사회를 세운다. 그러므로 이런 사회 계약은 계약 이전 상태를 전제로 해야 하는데, 이것이 자연 상태이다. 물론 이것은 허구적 장치이다.

자연 상태에서 자연인들은 자신을 지킬 수 있는 힘·권력인 '자연권'을 갖는다. 그리고 자신의 생명과 재산, 안전, 자유 등을 스스로의 힘으로 보호할 권리를 갖는다. 물론 이런 자연 상태가 바람직한 우애와 평화로운 공동의 삶을 보장하지 않는다. 홉스는 자연 상태를 만인이 만인에 대해서 싸우는 전쟁 상태로 본다. 이와 달리 로크와 루소는 평화로운 상태이지만 불편하고 불안정한 상태라고 본다.

이런 자연 상태를 벗어나기 위해서 모두가 자신의 자연권을 특정인이나 특정 세력에 양도(alienation)하여 협약을 통하여 국가를 세운다. 곧 모두의 자연권을 위임받은 주권자를 세우는 것이다. 물론 이런 공동체는 각자의 자연권을 잘 보장하기 위한 것이다. 이제 자연권은 국가의 공적인 권리로 바뀐다.

이런 논의에서 정치권력은 각자가 지닌 자연적 권력을 넘겨받은 것이다. 푸코는, 이것은 마치 권력을 누군가가 소유하고 넘겨주는 사물처럼 여긴다고 지적한다. 이렇게 볼 때 권력은 누군가가 지니거나 잃어버리거나 빼앗을 수 있는 것이다. 예를 들어서 정치권력이 개인의 생명이나 자유를 침해한다면 그런 권력은 계약 위반이므로 사회 계약은 무효가 된다. 따라서 개인들은 주권자를 내쫓고 그로부터 권력을 빼앗는데 이것이 혁명이다.

> "권력에 대한 고전적이고 사법적인 이론에서는 권력이 마치 재산처럼 누군가가 소유할 수 있고, 따라서 사법적 행위나 인도, 계약의 형식인 권리 창설 행위에 의해서— 여기에서 그것은 별로 중요하지 않다— 전체적이거나 부분적으로 남에게 양도하거나 양도할 수 있는 하나의 권리로 여겨진다. 권력은 모든 개인들이 지니고 있는 어떤 구체적인 것인데, 그것을 전부 또는 부분적으로 양도하여 정치권 주권, 또는 권력이 형성되었다는 것이다.……결국 그 전체적 이론에서 권력과 재산, 권력과 부 사이의 유사성이 두드러진다." (Foucault, 1997, 14/31-2)[1]

그러면 이 사고가 어떤 점에서 마르크스주의와 공통점을 갖는가? 마르크스주의는 토대와 상부구조의 틀로 사회를 설명한다. 여기에서 상부구조의 하나인 정치권력은 생산 수단을 소유한 지배 계급의 이해관계를 정치적으로 반영하는 장치에 지나지 않는다. 곧 마르크스주의는 권력이 경제적 토대를 반영하고 이것을 위해 기능 하는 지배계급의 소유물로 본다. 이 경우에도 권력은 특정한 계급이 소유하는 것이고 그것을 다른 계급에게 빼앗길 수 있는 것이다.

이처럼 권력이 한 계급의 지배를 보장하고 (생산력의 발전에

상응하는) 생산 관계를 유지하려 한다면 권력은 '경제적' 기능을 갖게 된다. 곧 정치권력은 경제에서 자신의 존재 근거를 갖는다.

이처럼 자유주의는 서로 상품을 교환하고 재화가 유통되는 경제를 그 모델로 삼는 정치권력을, 마르크스주의는 그 존재 근거와 현실적 기능을 경제 안에서 찾는 정치권력을 내세운다. (같은 책, 14/32)

푸코는 이런 사고에 대해서 질문을 던진다. 과연 권력은 상품을 모델로 삼는가? 곧 권력은 소유되고 획득되며, 힘이나 계약에 의해서 양도되었다가 회수되고 유통되는가? 그것은 어떤 지역에만 있을 뿐이고 다른 곳에는 없는가?

또한 권력은 경제에 비해서 부차적인가, 권력은 항상 경제를 기초로 삼고 경제에 의해서 목표를 부여받는가? 권력은 경제에 봉사하는 것을 존재 근거이자 목적으로 삼는가? 권력은 경제에 본질적인 생산 관계를 유지하고 확고하게 하며, 경제를 잘 작동시키는 임무를 맡는가?(같은 책, 15/32)

푸코는 권력 관계가 경제 관계들과 함께 있고 그 안에서 복잡하게 뒤얽히지만 권력을 분석하기 위해서는 경제와 다른 틀을 이용해야 한다고 본다. 그러면 경제적 차원에 매몰되지 않는 분석 틀을 어떻게 마련할 수 있는가?

먼저 이를 위해서는 권력을 소유하거나 교환되는 것으로 보지 말아야 한다. 곧 권력을 그것을 지니고 그것을 행사하는 주체로 설명하지 않고 권력이 주체 없이 행사된다고 볼 필요가 있다.

푸코는 권력을 어떤 개인, 집단, 기구가 소유하는 실체가 아니라 관계망으로 본다. "권력, 그것은 제도도 아니고 구조도 아니며, 어떤 사람들에게 주어지는 권한도 아니다. 그것은 한 사회의 복합적인 전략적 상황에 붙여진 이름이다."(Foucault, 1976, 122)

이러한 권력의 작용을 국가기구나 군주가 소유할 수는 없다. 곧 군주라는 주체가 그 작용의 원인이거나 그것을 자기 의지대로 행사할 수 있는 것이 아니다. 또한 국가를 지배계급의 정치적 도구로 보고, 권력의 핵심을 국가기구 안에서 찾으면서 모든 권력현상을 국가기구로만 설명하는 방식은 권력의 작용을 잘 설명할 수 없는데다가(권력이 국가 안에만 있다면 국가 바깥에는 어떤 권력도 없는가?) 권력이 작용하는 한 지점에 지나지 않는 것을 전체로 본다. 이런 틀은 국가에 대해서는 너무 많이 얘기하고 권력의 작용에 대해서는 별로 얘기하지 않는다.

억압하는 권력과 생산하는 권력

그러면 권력은 어떻게 작용하는가? 이에 대해서 두 가지로 답할 수 있다.

그 하나는 권력이 본질적으로 억압하고 금지하는 방식으로 작용한다고 보는 틀이다. 곧 권력은 자연, 본능을 억압하고, 개인이나 계급을 억압한다. 예를 들어서 권력이 계급들 간의 갈등 상황에서 한 계급을 대변하기 위해서 다른 계급을 억압한다는 틀은 잘 알려져 있다. 또한 프로이트(Freud)와 라이히(Reich) 등이 대표하는 정신분석학은 권력이 자연적 충동, 성 에너지, 성적 만족을 억압한다고 본다.

이런 틀은 권력에 따른 억압의 메커니즘을 개인·집단·계급적 차원에서 다양하게 분석한다. 권력으로부터 해방되어야 한다는 주장은 권력이 억압한다고 볼 때에만 가능하다. 이 점에 대해서는 미시권력(micro-pouvoir)의 하나인 성 장치를 다루면서 억압 가설을 비판적으로 검토할 것이다.

푸코는 이것이 권력에 대한 사법적(司法的) 관점이라고 본다. 한편에는 입법자의 권력을, 그에 맞선 다른 한편에는 복종하는 주체를 상정하는 이런 틀은 매우 제한된 것이다. 이것은 법률이론가와 군주제이론가가 제시한 권력 상(像)이다.

이런 틀은 권력을 부정적인 것으로만 본다. 즉, 권력은 오로지 제한하거나 구속하며, 금지하는 법률과 금지 메커니즘에 의해서만 작용한다고 본다. 권력은 항상 '안 된다'고만 얘기한다. "애야, 이것을 해서는 안 된다" "너는 아버지를 죽이고 엄마와 결합해서는 안 된다" "당신은 이것을 해서는 안 됩니다. 법이 정한 테두리 안에서만 행동해야 합니다".

푸코는 이처럼 권력을 부정적인 것으로만 보는 관점을 버릴 것을 권한다. 그는 권력을 '금지'로 인식하지 않는다. 권력을 순수한 금지, 불허의 형태로 이해하면 권력을 생산적 유효성, 풍부함, 긍정성으로 볼 수 없다.

따라서 그는 권력이 단순히 금지하는 힘이 아니라 그것이 작용할 대상을 일정하게 형성하고 그 대상이 스스로 권력을 수행하게 한다고 본다. 즉, 권력은 억압하고 금지하는 것이 아니라 창조적, 생산적, 긍정적인 힘이다.

"만약 이처럼 권력이 억압적일 뿐이라면 과연 사람들이 그것에 복종할까? 권력을 유효하고 긍정적인 것으로 만드는 것은 그것이 단지 금지하는 힘으로써 위로부터 우리를 눌러대기만 하는 것이 아니라, 사물을 가로지르며 무엇인가를 생산하고 즐거움을 가져오고 지식을 형성하고 담론을 구성하는 점이다."

권력을 금지, 불허의 형태가 아니라 생산적 유효성, 풍부함, 긍정성에 주목하기 위해서 그것이 작용할 대상을 일정하게 만들고 그 대상이 스스로 권력을 수행하도록 하는 점에 주목한다.

푸코는 이러한 사법적-담론적 권력 표상에서 벗어나고자 한다. 그는 권력을 힘 관계가 작용하는 것, 곧 상이한 힘, 세력이 대치하는 전투 상황으로 본다. 클라우제비츠는 전쟁을 정치의 도구로 보았다. "전쟁은 정치적 행위일 뿐만 아니라 참으로 정치적인 도구이며, 다른 수단에 의한 정치의 추구이다." 푸코는 이 틀을 원용하여 권력을 '다른 수단으로 지속되는 전쟁'으로 보고자 한다.

이것은 어떤 의미인가? ①먼저 권력 관계는 특정한 전쟁 안에서, 전쟁으로 설정된 힘 관계를 작용점으로 삼는다. 이때 정치권력은 이런 힘 관계를 제도와 경제적 불평등·언어·몸 안에 새긴다. 이처럼 정치는 전쟁 안에서 드러난 힘의 불균형을 유지시키려 한다. ②정치 제도 안에서 ('평화로운') 전쟁이 지속된다. 정치투쟁은 물론이고 권력에 관련된 권력에 대해서, 권력을 위한 싸움, 힘의 관계를 수정하여 힘을 집중시키거나 전복시킨다.(Foucault, 1997, 16-7/34-5)

사법적 틀은 일정한 계약 안에서 그 한계를 넘어선 것을 압제로 본다. 따라서 이 틀에서는 합법과 불법이 대립된다. 이와 달리 전쟁으로 보는 틀은 지배와 억압의 상호작용에 주목하고 투쟁과 복종을 대립시킨다.(같은 책, 17/35-6)

그리고 푸코는 권력 관계들이 진리의 담론을 생산하도록 작동시키는 규칙에 대해서 묻는다. 권력은 그것이 작용하기 위한 진리 담론을 생산한다.

그는 다양한 권력 관계들이 사회 전체를 구성하고 그것을 가로지르며 그 성격을 규정한다고 본다. 이때 권력 관계는 참된 담론을 축적하거나 순환시키거나 작용하게 해야만 작용한다. 이처럼 권력 안에서, 권력으로부터, 권력을 가로질러 작용하는 진리의 담론을 구성하지 않고는 권력을 행사할 수 없다. (같은 책, 21-2/42)

이런 권력 관계 안에서 개인들은 진리를 말해야 하고, 진리를 고백하거나 발견해야 한다. 권력은 끊임없이 질문하고 조사하고 기록한다. 당신은 무엇을 원하는가? 당신은 무엇을 할 수 있고, 무엇을 할 수 없는가? 이 일을 왜 제대로 하지 못하는가?

이러한 권력의 특성을 정리해보자.(Foucault, 1976, 4장 2절)

1) 권력은 하나의 중심을 갖지 않는다. 사회의 모든 지점에서 서로 얽혀있고 각 지점들에서 그때그때 생산된다. 그것은 사회 속에서 유통되면서 하나의 사슬처럼 엮어져 있는 그물망, 살아있고 유기체처럼 섬세하게 퍼져있는 그물망을 통해 작용한다. 이러한 권력은 두루 있다(遍在). 이것은 권력이 모든 것을 감싸고 있기 때문이 아니라 모든 곳으로부터 나오기 때문이다. 따라서 권력은 동질적이지 않고 유동적인 관계의 수많은 지점들에서 작용한다.

그리고 권력은 지배·피지배란 이분법에 의해서 위로부터 내려오는 것이 아니라 다양한 지점들에서 '밑으로부터' 만들어진 체계이다.

권력이 집중화된 것이라는 관점을 버리는 것은 통상적으로 권력과 국가 또는 최소한 권력과 정치권력을 통합시켜 보는 관점을 버리는 것이다. 실제로 권력은 유일한 지점(국가, 군주, 중앙집권화된 구조를 갖는 것)에 고정되어 있지 않고 사회체(le coprs social) 안에서 다양하고 두루 존재하는, 조각나 있고, 분산되어 있는 힘들의 그물망이다. 이러한 미시권력들은 사회 안에 분산되어 있고 항상 운동하는 다양한 세력 관계로 포착된다.

"……권력이 두루 존재한다는 것(omniprésense)은 권력이 무너지지 않을 통일성으로 모든 것을 재편할 특권을 지니기 때문이 아니라, 모든 순간에서, 모든 지점에서, 또는 이러저러한 특정한 지점들에서 이루어지는 모든 관계들에서 생산되기 때문이다. 권력은 도처에 있다. 이것은 권력이 모든 것을 포괄하기 때문이 아니라 도처에서 오기 때문이다……권력은 제도도 아니고, 구조도 아니고, 특정한 사람들(흔히 권력자라고 얘기하는)에게 주어져 있는 어떤 권능도 아니다. 그것은 특정한 사회에서 복합적인 전략적 상황에 붙여진 이름이다."(1976, 122)

2) 권력은 권력자(주체)의 의도나 결정에 의해서 작용하는 것이 아니다. 권력 관계는 주체에 의해 설명될 수 없으며, 주체는 그 원천이 아니다. 그리고 개인의 주체성은 권력의 원인이 아니라 오히려 권력의 전략에 의해 생산되는 것이다. 따라서 주체는 권력의 '효과(effet)'에 지나지 않는다. 즉, 권력은 개인들이나 집단의 의지에 의해 구축되는 것도, 이해관계로부터 나오는 것도 아니다.

3) 권력 관계는 다른 관계들 — 경제·정치·성 관계·대인 관계 — '안'에 들어있다. 권력 관계는 다른 관계들의 결과이면서 또 그 내적 조건이기도 하다. 따라서 경제적 관계와 같은 '보다 본질적인' 관계가 권력에 앞선다고 볼 수는 없다.

4) 푸코는 권력을 세력 간의 갈등 관계로 보고 권력이 저항을 수반한다고 본다. 그런데 권력의 핵심이 없듯이 저항의 핵심도 없다. 즉, 모든 저항을 이끄는 단일한 집단, 계급은 없으

며, 오직 다양한 형태의 저항들이 있을 뿐이다.

푸코는 권력 관계를 통상적인 의미의 지배 관계와 구별한다. 지배 관계와 권력자, 권력 집단이 정치적, 군사적, 경제적 수단을 통해서 권력을 차지하고 그것을 불변적인 것으로 만드는 것이라면, 권력 관계는 변화시키고, 수정할 수 있는 관계이다. 권력이 모든 사회 영역에 나타난다면 동시에 자유 또한 편재한다. 지배의 경우에는 저항을 조직할 중심이 필요하지만 권력의 경우에는 그 지점을 미리 정확하게 정의할 수 없다. 권력 관계를 이해하려면 저항 형식들과 이 관계를 분리시키려는 시도를 함께 살펴야 한다. 푸코는 지난 몇 세기 동안 남성 권력의 여성 지배에 대해서, 부모의 권력이 자식을 지배하는 것에 대해서, 정신의학이 정신병자를 지배하는 것에 대해서, 의학권력이 인구를 지배하는 것에 대해서, 행정 권력이 개인들의 삶의 방식을 지배하는 것에 대해서 저항이 일어났다고 본다. 그리고 그는 세 유형의 투쟁, 곧 인종·종교·사회적 지배 형식에 저항하는 투쟁, 개인들이 생산한 것을 그들로부터 분리시키는 착취에 대한 투쟁, 개인을 스스로에게 얽어매고 그를 타인들에게 순종하도록 하는 것(예속, 주체성과 순종 형식)에 대한 투쟁을 지적한다.

이처럼 푸코의 미시권력은 정치적 의미의 권력이나 제도에 국한되지 않고 (니체적인 의미의 권력에 가까운 것으로서) 사회체의 다양한 지점들에서 작용하는 권력 테크놀로지들을 대상으로 삼는다.

근대적 신체를 만드는 규율의 기술들

신체를 처벌하는 방식과 규율의 문제 틀

니체는『즐거운 학문』7장에서 지금까지 씌어지지 않았던 역사의 목록을 예시한다. 사랑, 욕망, 질투, 양심, 잔인함 등의 역사, 법이나 형벌의 비교사를 언급한다. 실제로 푸코는 이러한 역사들을 쓰면서 권력과 진리의 역사를 재조명한다. 이런 역사는 권력의지의 한 형태인 진리의지의 다양한 작용을 밝히는 것이기도 하다.

푸코의『감시와 처벌』은 형벌제도를 계보학적으로 기술한다. 이를 통해 각 시대의 권력이 어떻게 개인을 다른 방식으로 통제하고 관리하는지를 살핀다. 그에 따르면 형벌제도는 크게

18세기까지 행해졌던 공개처벌과 가혹한 체형에서 계몽주의 시대의 인간주의적 개선을 거쳐 감옥 중심의 체제로 바뀐다. 그는 이런 변화를 처벌제도가 개선되는 방향의 진보로 보지 않고 다른 방식으로 처벌의 형식이 바뀌는 것으로 본다. 먼저 처벌 방식이 얼마나 달라지는지 예를 살펴보자.

루이 15세를 살해하려다 체포된 다미엥에 대한 유죄판결문을 보자. "손에 2파운드 무게의 뜨거운 밀랍으로 만든 횃불을 들고,……처형대 위에서 뜨겁게 달군 쇠 집게로 가슴, 팔, 넓적다리, 장딴지를 고문하고, 그 오른손은 국왕을 살해하려 했을 때의 단도를 잡게 한 채, 유황불로 태워야 한다. 계속해서 쇠 집게로 지진 곳에 불로 녹인 납……몸은 네 마리의 말이 잡아끌어 사지를 절단하게 한 뒤, 손발과 몸을 불태워 없애고 그 재는 바람에 날려버린다."(Foucault, 1975, 9/23)

이와 함께 실제로 형을 집행하는 과정에 대한 자세한 보도가 당시 신문에 실렸다. 이런 끔찍한 공개처형은 군주의 막강한 권력을 범죄자의 몸에 새기는 폭력적인 과정이다. 군주의 권력은 처절하게 손상된 신체를 기호로 자신의 위력을 과시한다. 이런 처벌의 축제가 어떤 효과가 있을까? 엄한 처벌은 모든 범죄를 위협하고 예방하는 효과를 지니는가.

그리고 이로부터 100년이 지나지 않은 시기에 나타난 파리 소년 감화원의 규칙 일부를 보자. 여기에서는 더 이상 잔혹한 신체형이 보이지 않는다.(12-3/27-9)

"(……) 17조 : 재소자의 일과는 겨울에는 오전 6시, 여름에는 오전 5시에 시작된다. 노동 시간은 계절에 관계없이 하루 9시간으로 한다. 하루 중 2시간은 교육에 충당한다. (……)

　18조 : (기상) 첫 번째 북소리가 울리면, 재소자는 조용히 기상하여 옷을 입고, 간수는 독방의 문을 연다. 두 번째 북소리가 울리면……세 번째 북소리가 울리면……각 신호는 5분 간격으로 한다. (……)

　20조 : 재소자는 여름에는 5시 45분, 겨울에는 6시 45분에 마당으로 나와 손과 얼굴을 씻고 1회의 빵 배급을 받는다. 뒤이어 즉시 작업장별로 정렬하여 일하러 나가야 하는데 여름에는 6시, 겨울에는 7시로 한다.

　22조 : (학습) 10시 40분에 북소리가 울리면 정렬하여 반별로 교실에 들어간다. 읽기, 쓰기, 그림 그리기, 계산하기의 순서대로 학습을 진행한다. (……)

　26조 : 저녁 식사 및 휴식시간은 5시까지이고, 재소자는 다시 작업장에 들어가야 한다.

　28조 : 재소자는 여름에는 7시 반, 겨울에는 8시 반에 마당에서 손을 씻고 의복 검사를 받은 후 독방 안에 도착해 있어야 한다. 첫 번째 북소리가 울리면……두 번째 북소리가 울릴 때……각 방의 문을 잠근 후 간수들은 질서와 침묵을 확인하기 위해 복도를 순회한다."

푸코는 이런 처벌 방식의 변화에서 처벌과 신체의 관계에 주목한다. 절대군주제하에서 형벌은 육체에 고통을 주고 그것을 공개함으로써 군주의 절대 권력을 과시하는 의식(儀式)이었다.

이러한 비효율적, 비인간적 제도는 18세기의 사회 변화와 함께 인도주의자들이 범죄에 대한 잔인한 폭력적 처형을 비판하고 사법부의 합리적 운용을 요구하면서 개량된다. 이들은 범죄의 정도에 따라 처벌을 조정할 것을 요구했다. 따라서 다양한 범죄들을 분류하고 그에 대응되는 적절한 처벌 정도와 형태를 마련하게 된다. 이러한 사법체계의 그물망은 보다 효율적으로 개체들을 통제하게 된다. 이런 변화는 소름끼치는 처벌 대신에 모든 범죄는 처벌당한다는 확신을 심어주는 쪽으로 바뀐다. 이때의 처벌은 복수가 아니라 교정, 치료로 이해된다. 처벌의 목표는 일반적 사회질서를 보존하기 위해 교정된 개인을 그 질서에 재통합시키는 것이다.

이러한 형벌체계는 프랑스 혁명을 전후로 감옥제도로 바뀐다. 이와 함께 근대 형벌제도에서 처벌과 신체의 관계가 달라진다. 여기에서는 신체를 감금하거나 노동을 시키는 방식으로 신체에 제재를 가하지만 사실상의 목적은 개인의 자유를 박탈하는 데에 있다. 이런 형벌제도에 의해서 신체는 구속과 박탈, 의무와 제한의 체계에 편입된다. 신체에 대한 고통이 신체의 권리 행사를 정지시키는 쪽으로 바뀐다. 물론 신체를 손상시킬 필요가 있을 때에는 엄격한 규정에 따라야 한다.

그러면 감옥제도를 신체와 관련하여 어떻게 이해할 수 있을까? 감옥제도는 개인의 신체에 일정한 작용을 가하여 개인을 조작하려는 것으로 볼 수 있다. 이를 위해 엄격한 시간표가 만들어지고 모든 행위와 몸짓을 관찰·감시하며, 그 내용을 기록한다. 이것은 수감자의 신체를 철저한 계획표에 따라 권력이 요구하는 '순종하는 신체'로 길들이려는 것이다.

푸코는 18세기 후반에 감옥제도가 만들어지고 그것이 일반화되면서 보다 조직적이고 체계적인 규율 사회가 마련되는 과정에 주목한다. 이때 그는 권력 메커니즘을 인간의 신체와 관련짓고, 권력이 작용하는 방식과 절차에 주목한다. 이런 권력은 신체를 억압하는 것이 아니라, 신체를 특정한 목적에 맞도록 만들어낸다. 이러한 권력은 신체를 길들이는 '미시권력들'이다.

푸코는 이러한 신체에 대한 권력의 작용을 통해 작업장, 군대, 감옥, 병원, 학교 등의 다양한 사회 영역에서 규율이 작용하는 방식에 주목한다. 규율은 개체들을 통제하고, 훈련시키며, 조직하는 기술을 통해 작용한다. 이때 개체의 신체는 경제적으로는 노동력을 지닌 대상이며, 정치적으로는 복종할 수 있도록 훈련받는다.

이렇게 해서 개체들은 권력의 기술에 의해 (그 대상이자 도구로 되고) 권력이 요구하는 질서 안에 편입되어 규격화(nor-malisation)된다(개체들은 반복되는 일련의 질서에 따라 새로운 사회적 습관을 내재화하여 '사회라는 합창단'의 구성원이 된다. 그는 악보와 지휘자에 따라서 노래 부른다).

예를 들어 감옥 장치는 정상적인 개인을 만드는 교정 장치로서, 신체를 길들이는 기술을 사용하여, 길들여지고 쓸모 있는 개인을 낳는다. 이런 장치는 작업장, 공장, 병원, 병영, 학교 등에서도 실행된다. 푸코는 이러한 권력이 개인들을 억누르거나 금지하는 방식보다는 훈련과 배분의 절차로 작동한다는 점을 정밀하게 기술한다.

이러한 규율 사회는 구속하고 억압하여 대량적 방식으로 강제하려는 피라미드적 권력의 작용보다는 긍정적인 방식, 생산적인 방식으로 작용한다. 즉, 다양한 기술을 다양하게 사용함으로써 신체의 미세한 부분에까지 영향을 미쳐, 신체를 길들이고 그 효율을 최대화하는 방식을 택한다. 그러면 규율은 어떻게 신체를 길들이고, 어떤 기술들을 통해 신체를 만들어내는가?

신체를 생산하는 규율

푸코는 17~18세기(그가 고전주의라고 부르는 시기)의 다양한 담론들을 추적하여 신체와 권력의 관계를 살핀다. 그가 볼 때 당시에는 신체에 관심이 집중되면서 신체는 만들어지고, 교정되고, 복종하고, 순응하고, 특정한 능력이 부여되거나 다양한 힘을 지닐 수 있는 것으로 여겨진다.(Foucault, 1975, 138/204) 규율적 기술들은 신체를 세부적으로 장악하는 권력의 새로운 '미시 물리학'을 통해 17세기부터 사회 전반에 확산되었다.

푸코는 규율적 절차가 신체를 대상으로 삼아 유용성을 증가시키거나 반대로 순종을 위해서는 그 힘을 약화시키는 측면

을 분석한다. 이런 규율의 작동 과정은 근대적 규율이 인간의
신체를 조작할 수 있는 대상으로 삼고 그것을 효과적인 생산
기계(또는 순종하는 정치기계)로 만드는 미시적 기술을 통해 근
대적 인간을 창조한다는 점에서 충격적이다. 근대적 인간은
보편적인 인간 개념에서 추론할 수 있는 존재라고 하기보다는
근대라는 역사적 상황에서 특수한 '주체-대상'으로 만들어진
다. 푸코의 분석 틀은 세심한 '신체-길들이기' 절차에 의해 인
간-산물을 제조하는 세계를 구체적으로 보여 준다. 이런 의미
에서 근대적 일상 세계는 이런 주체-산물을 산출하는 공장과
같다. 이 공장은 유용한 상품을 생산하는 작업장뿐만 아니라
유용한 지식을 갖춘 학생을 생산하는 학교, 환자를 건강한 사
람으로 변화시키는 병원, 일정한 개인들을 전투력을 갖춘 군
인으로 만드는 군대 등을 가리킨다.

　여기에서 비유를 사용한다면, 규율을 작동시키는 개별적 영
역은 근대적 기계를 갖춘 생산기계에, 훈련받는 개인들은 그
원료에, 그들의 길들여진 신체는 생산물에 대응시킬 수 있다.
개인들의 유용한 신체는 일정한 값을 지니고 근대세계에 유통
되면서 근대세계를 구성하는 벽돌로 소비된다.

규율의 전략

　신체를 생산하는 절차들
　푸코는 고전주의 시대에서 인간을 통제하고 활용하기 위한

세부적인 것에 대한 관찰, 사소한 것에 관한 (정치적) 고려가 일련의 기술들과 절차, 지식, 자료 등을 마련한다고 지적한다. 그는 이러한 하찮은 것들(vétilles)에 관한 정치해부학으로부터 근대 휴머니즘이 내세우는 인간이 마련된다고 본다.(같은 책, 143/211) 이것은 근대인을 규율적 권력의 산물로 보려는 것이다. 그는 종래처럼 인간을 자율적 이성을 지닌 주체로 여기고, 주체가 이성을 통해 세계를 인식하고 이성의 합리적 기획으로 이성적 세계를 건설하는 주인공인 점을 내세워 근대세계를 주체의 합리적 기획이 표현된 것으로 보는 사고 틀을 받아들이지 않는다. 그는 이런 맥락에서 18세기에 관심을 끌었던 길들임(docilité)이라는 도식을 구체화하는 기술적인 측면을 살핀다.(같은 책, 138-9/205-6)

그러면 인간 신체를 유용하게 만들려면 어떤 새로운 기술(technique)이 필요한가? 먼저 이 기술은 신체를 세부적으로 나누어 각 부분에 미세한 강제력을 행사한다. 즉, 운동·동작·자세·속도 등에 영향을 미친다. 그리고 규율은 신체의 체력을 다루면서 훈련을 중시한다. 그래서 신체-대상에서 그 동작의 구조와 유효성, 내적 조직을 표적으로 삼는다. 또한 규율은 신체의 활동 과정을 미시적으로 통제하기 위하여 세밀하게 시간과 공간, 운동을 분할하는 기호체계를 사용한다.

규율은 신체를 분석할 뿐만 아니라 조작할 수 있는 대상으로 삼는다. 푸코는 신체를 계획적으로 조작하는 권력의 역학(mecanique)인 정치해부학(une anatomie politique)이 탄생한다고 지적한다.(같은 책, 139-140/207) 이를 통해서 규율은 복종하고 훈련된 신체, 길들여진 신체(corps dociles)를 만든다.(같은 책, 140/207) 학교, 병영, 공장 등에서 세심한 규정, 꼼꼼하게 관찰하는 시선, 생활과 신체의 가장 사소한 부분까지 통제하는 작용 속에서 경제적이고 기술적인 합리성을 부여한다.

그러면 규율은 어떤 전략으로 신체를 만들어내는가? 푸코는 규율이 공간과 시간을 활용하는 방식, 개체를 단계적으로 형성하는 방식, 신체의 고립된 힘들을 조합하는 방식 등에 관한 다양한 사례를 든다. 이때 푸코는 규율적 권력의 미시적 작용을 분석하면서 그 '절차'의 측면에 중점을 둔다.

이런 절차들에 대해서 간략하게 살펴보자.

1) 먼저 규율은 공간과 시간을 어떻게 조직하는가? 규율은 신체를 가장 효과적으로 분할된 공간 안에 배치한다. 개인의 신체는 (군대, 병원, 학교, 작업장 등에서) 합리적으로 계산된 공간 좌표 안에 자리매김 된다.(같은 책, 143 이하/212 이하 참조)

규율은 공간을 기능적으로 배치한다. 즉 규율은 폐쇄된 공간이나 유연하고 세밀하게 공간을 재구성한다. 그 공간 안에 개인의 자리가 정해지고, 활동공간이 배당된다. 이렇게 규율에 의해서 구성된 공간은 작은 단위로 분할된다.

규율에 의해서 세분된 공간은 개인들을 쉽게 통제하고 조작할 수 있는 공간이다. 예를 들어, 이러한 공간배치에 따르는 18세기 말의 공장에서 감독자는 일정한 공간적 배치를 통해 직공의 출결, 근면성, 작업의 질을 확인하고, 직공들을 비교하여 그 숙련도와 신속도에 따라 분류하고, 제조과정의 단계들을 감독한다.

이런 전략은 모든 것을 계열화하고 일람표(grille)를 작성하여 일목요연하게 만든다. 즉, 노동과정을 각 생산 국면이나 단계에 따라서 또는 개인과 신체에 따라서 조정한다. 이 경우에 신체의 힘 — 기력·신속성·숙련도·끈기 등 — 을 관찰하고, 평가하고, 기록하고, 보고할 수 있다.

푸코는 규율적 공간 분할에 의해 대규모 산업에서 생산과정이 분화되고 노동력이 개별적으로 분해될 수 있다고 지적한다.(같은 책, 146-7/217-9) 기존에는 대규모 산업이 그것에 필요한 생산과정의 조건을 자동적으로 산출한다고 보았다면, 푸코는 거꾸로 규율적 공간분할에 따라 대규모 생산과정을 배치할 수 있다고 본다. 이런 점에서 근대의 규율 공간은 근대적 생산양식을 조건짓는다. 그렇다면 근대인의 경험과 근대적 신체에는 근대적으로 조직된 공간 형식이 스며들어 있는 셈이다.

이런 규율은 개인을 서열(rang)에 따라 배치한다. 개인은 등급으로 분류된 칸에 들어가서 일정한 값을 갖는다. 예를 들어, 18세기의 학교는 일정한 서열 안에 개인들을 배치한다. 교실, 복도, 운동장에서 학생의 정열, 숙제나 시험과 관련하여 부과되는 서열, 난이도에 따라 학습내용이나 논의주제를 차별화하고 서열을 매긴다.(같은 책, 148-9/219-221) 이런 배열은 고정된 것이 아니고 학생의 나이, 성적, 품행에 따라 변한다. 학생들은 이러한 일련의 세부항목들 상에서 특정한 값에 따라서 계속 자리가 바뀐다. 예를 들어 한 학생의 성적 석차가 60명 가운데 15등에서 5등으로 또는 23등으로 올라가거나 내려갈 수 있다. 여기에서 개인이 어떤 자리를 차지하는 것보다는 모든 개인들이 이 가운데 한 자리를 차지하게 된다는 점에 주목할 필요가 있다. 예를 들어서 서당의 한문 교육에서처럼 배우는 내용을 다 외고 있으면 통과하고 그렇지 못할 때에는 다시 배우는 방식이라면 개인들이 이런 방식으로 등급에 따라서 나뉘지는 않을 것이다.

이런 서열 매기기는 다양하게 활용된다. 회사나 관공서에서 인사 평점을 세밀하게 기록하여 인사에 반영하는 경우에도 이런 서열은 구성원들의 행위를 일정한 방식으로 조직할 것이다.

그러면 규율은 시간을 어떻게 활용하는가? 규율은 시간을 정교하게 만들어 작은 단위로 계산한다. 군대, 학교, 작업장, 병원 등에서는 시간을 세밀하게 분할한다.(같은 책, 151-2/225-6)

예를 들어 19세기 초에 학교에서 사용된 시간표를 보면, 세분된 단위에 따라서 학생의 활동을 규제한다. 이런 예는 수업 시간이 일정한 목표를 정해놓고 그것을 가장 효과적으로 실행하기 위해서 조직적으로 구성되는 방식으로 짜여짐을 보여 준다. 또한 공장에서도 고용시간의 질을 높이기 위해 요구된 생산 활동에 몰두하는 순수하고 양질의 시간을 만들기 위해 노력한다. 군대의 규율도 분할된 시간의 리듬에 따라 이루어진다.

그리고 규율은 시간을 정교하게 규정하여 행위의 진행 단계를 통제한다. 그러므로 행위는 정교하게 구성된 프로그램에 따라 전개된다. 행위는 여러 요소로 분해되고, 신체와 각 부분의 위치가 정해지고 각 동작마다 방향과 범위, 소요시간이 설정된다.(같은 책, 153-4/227-8)

전통적인 시간표는 나태나 시간 낭비를 불허하는 부정적인 방식으로 작용하지만, 규율은 긍정적인 관리를 목표로 삼는다. 이런 전략은 시간을 최대한 이용하여 생산적으로 배치하기 위하여, 매 순간 시간을 분해하여 적절한 속도를 조절하고, 보다 많은 유효 노동력을 이끌어내려고 한다. 이렇게 해서 유용하고 충만한 시간이 생산된다.

2) 신체는 어떻게 규율을 통하여 단계적으로 진보하는가? 일정한 능력을 갖추지 못한 몸은 일정한 기간 동안 교육(훈련) 받음으로써 특정한 능력을 갖춘다. 직업 훈련에서 기능교육을 받거나 피아노 연주를 익히거나 사격 훈련을 받는 것처럼 말이다. 이처럼 시간적 단계를 거친 몸에서 필요한 능력이 '생겨난다'. 이처럼 규율은 신체가 특정한 단계와 수준을 거쳐서 시간의 계열에 따라 향상된 능력을 갖추게 한다.

이와 같이 발생을 조직화(l'organisation des genèses)하는 방식으로 규율은 시간을 구분하고 조정하여 단계별로 분해한다.

푸코에 따르면, 고전주의 시대의 기술은 개인들의 시간을 지배하고, 시간과 신체의 힘의 관계를 관리하고, 지속되는 시간을 누적시키고, 시간을 이익과 효용이 증대되는 형태로 전환한다. 이러한 규율은 시간을 자본화하는 장치이다.(같은 책, 159/237)

이를 위해서 규율은 시간을 구분하고 조정하여 몇 단계로 분해한다. 그리고 이 단계를 하나의 분석적 도식에 따라 계열로 편성한다. 이 도식은 그 복잡한 정도에 따라 단순한 기본 요소들의 연속으로 이루어진다. 예를 들어 군사훈련은 단순한 동작들을 기본 단위로 삼고, 분할된 시간에 목표를 부여하고, 각 부분을 시험으로 마무리한다. 이러한 연속적인 계열화를 통해 각자에게 적합한 훈련을 수준과 경력, 지위에 따라 규정한다.(같은 책, 159-161/ 237-9)

개인들은 일정한 단계에서 시간과 활동을 축적하여 다음 단계로 올라가고 최종 단계에서 유용한 능력을 갖춘다. 개인들은 시간적 계단을 올라가면서 단계적으로 형성되고 발전한다.[2]

3) 규율은 힘들을 어떤 방식으로 결합하는가? 규율은 각 신체의 힘들을 다른 힘들과 조합(la composition des forces)하여, 효과를 극대화한다. 예를 들어 생산력을 조직할 때 그것을 구성하는 힘들의 합을 능가하도록 조직해야 한다.(같은 책, 166/246) 규율은 여러 힘을 조합하여 효율적인 장치를 만드는 기술이다.

이런 합성의 수학에 따라 개별적인 신체 요소는 다른 요소인 신체와 연결된다. 이런 신체들의 조합에서 한 신체가 차지하는 위치, 간격, 위치 이동의 질서정연함, 질서 등이 조직된다. 이런 틀에서 신체는 유기적 배치에 의해서 최대 효과를 낼 수 있도록 조립된다.(같은 책, 166-7/246-7)

또한 개인의 능력을 정밀하게 조합하기 위해서는 정확한 명령체계가 필요하다. 훈련받는 개인의 활동은 간결하고 명확한 명령체계에 따라야 한다. 이때 훈련시키는 자와 복종하는 자 사이의 관계는 신호로 매개된다. 여기에서는 명령을 이해하기보다는 신호체계에 따라 즉각적으로 반응하는 것이 중요하다. 즉, 신호에 따른 자동적이고 획일적인 반응이 요구된다. (같은 책, 168/ 248-9) 신체는 명령 형식으로 주어지는 신호체계에 따라서 자동적으로 움직이는 기계가 된다. 이런 신체는 능동적일 수 없고 요소들의 조합에 예속됨(assujettissement)으로써 근대적으로 재구성된다. 유기적으로 조합한 각 항들은 기계의 부품이나 톱니바퀴로 작용한다.

푸코는 규율이 복종하도록 하는 기술(technique d'assujettissement)로 '새로운 대상'을 만든다고 본다. 물론 그 대상은 '신체'이다. 신체는 새로운 권력 메커니즘의 표적이 되어서 훈련받은 신체(corps de l'exercice)이자, 권위에 의해 조작되는 신체가 된다.(같은 책, 157/ 234) 그러므로 근대적 신체는 권력의 전략과 테크놀로지가 가로지르는 중계점이자 그것들이 서로 만나는 집합점이 된다. 개인들의 신체는 규율의 작용이 전개되면서 구체적 효과들을 산출하도록 배치되고 이용된다.[3]

이상을 정리하면, 규율 장치는 근대적 지식과 실천의 복합체로서, 근대적 주체를 일정하게 재단하고 조립하고 조직화하는 복합적인 그물망이다. 푸코가 볼 때 근대의 지식, 권력 복합체는 근대적 규율 장치를 통해서 통제하고 조절할 수 있는 유용한 주체들을 제조한다. 이렇게 제조된 근대적 주체-산물들은 근대 사회의 이성-권력 메커니즘이란 형식과 자연적 생명체란 질료가 (역사적으로 특정한 국면에서) 합성된 존재라고 할 수 있다. 이런 존재는 미시적인 규율 장치 안에서 주체를 생산하는 다양한 지점들로 권력의 눈에 노출된 채 관리되고, 권력의 행위지침에 따라 움직이는 자동기계와 같다.

신체를 훈련시키는 권력 장치

감시와 제재

푸코는 규율적 권력이 미시적인 방식으로 신체를 훈련시킨다는 점과 그것이 작용하는 방식에 주목한다. 이런 방식에는 '위계질서를 갖춘 감시'와 '규격화하는 제재'가 있고, 이 두 가지를 결합한 것이 '검사(l'examen)'이다.

위계질서적 감시(la surveillance hiérarchique)는 일정한 위계질서에 따라 감시함으로써 생산과 통제를 통합한다. 이것은 개인들을 규율적 공간에 배치하여 '가시적'으로 만든다. 이것은 모든 사물들을 조명하는 광원이 되어 그늘진 어떠한 곳도 남기지 않으면서 신체를 노려보는 '권력의 광학'이다. 이 모델은 군대, 대규모 작업장, 공장, 감옥, 학교, 노동자 기숙사 등에서 가시적 공간을 구성하여, 통제하고, 효율을 높이고, 질서를 만든다.

교사의 시선은 교탁 위에서 학생들을 보고 있는데, 이런 시선의 힘이 학생들에게 일정한 태도와 행동을 요구한다. 이런 시선은 기숙사 사감의 시선, 환자를 돌보는 간호원의 시선, 죄수를 감시하는 시선 등으로도 나타난다.

이러한 감시 작용은 과도함이나 힘, 폭력에 호소하지 않고 계산된 시선의 끊임없는 작용으로 작동한다. 이것을 관찰함으로써 신체에 대한 권력의 강제와 인간에 대해서 다양하게 통제할 수 있다.

"규율적 권력은 어디에서나 그리고 언제나 항상 깨어있기 때문에, 즉 원칙적으로 어떤 지점에도 그림자를 남기지 않고 통제하는 자들까지도 끊임없이 통제함으로써, 권력을 절대적으로 드러나지 않게 함과 동시에 그것이 영원히 그리고 소리 없이 훌륭하게 기능하기 때문에 절대적으로 '드러나게' 된다……그 권력은 자기의 고유한 메커니즘에 의해 자기 바탕을 마련하고 눈에 띄기보다는 방해받지 않도록 잘 계산된 시선의 작용으로 기능한다."(같은 책, 179)

이렇게 본다면, 병원, 수용소, 학교, 작업장, 감옥은 완벽하게 보이는 공간이고 상호감시의 촘촘한 망으로 짜여진 장소이다. 이런 권력의 시선은 벤담의 원형감옥·전면감시장치로 발전될 수 있다.

그런데 이런 감시로 짜여진 공간이 잘 기능하기 위해서는 어떤 기준이 필요하다. 이것이 '규격화하는 제재(la sanction normalisatrice)'이다.

이것은 행위를 허용된 것과 금지된 것으로 분명하게 구분할 수 있는 규범(la norme)을 세밀하게 작성하고 조문화한다. 규범에 따라 정상적 질서의 테두리를 정해놓고 그것을 위반하면 처벌한다.

'수업시간이나 근무 시간에 지각하지 말 것!' '버릇없는 태도나 정해진 복장을 어기는 것은 안 됨' '정해진 시간에만 식사할 것!' '저속한 말이나 욕을 하지 말 것' 등의 위반은 그리 대단한 것은 아니지만 질서 유지를 위해서는 처벌받을 필요가 있다. 학생이 교실에서 실내화를 신지 않는 것이 잘못이고 군인이 제식훈련을 받거나 행진할 때 일정한 각도로 팔을 흔들지 않거나 발걸음을 맞추지 않는 것은 '중대한' 위반으로 간주된다. 지각은 결석보다 가벼운 위반이지만 5분의 지각이 세 번 모이면 한번의 결석이 될 수 있다. 5분+5분+5분=50분이 된다. 한 학기 총 출석의 1/3을 채우지 못하면 학점을 받을 수 없는 것에도 비슷한 계산법이 사용된다.

공장, 학교, 군대 등에서 미시적 형벌제도는 다양한 일탈, 즉 시간에 관한 일탈(지각·결석·업무 중단), 행위에 관한 일탈(부주의·태만), 태도에 관한 일탈(무례·반항), 언어에 관한 일탈(수다·건방짐), 신체에 관한 일탈(버릇없는 자세, 적절치 않은 동작·불결함), 성에 관한 일탈(저속함·음탕)을 처벌한다.(같은 책,

이처럼 일상 행위의 가장 미세한 측면까지 규정하고 그것을 규범으로 제재(허용·처벌)한다. 개인들의 몸은 항상 정상 안에만 머무르는 것이 좋다. 그런 몸이 착한 몸이다. 이런 정상적인 질서에 적응하지 않거나 반항하는 자들은 감시, 처벌, 교정 대상이 된다.

개체들은 자기 행위를 규범에 따라 '선택'해야 한다. 이처럼 감시받는 가시적 공간과 규격화하는 제재 공간이 근대 개체의 삶의 공간이자 삶의 조건이다. 개체들은 자신에게 부여된 규범에 따라서 행함으로써 정상적이고 '바람직한' 존재가 되어야 한다.

검사

다음으로 검사 또는 시험에 대해서 살펴보자. 아마 학생들은 '시험'이란 말만 들어도 움츠러들고 도망가고 싶을지도 모른다. 물론 실력 발휘를 기다리던 친구는 시험을 통해서 자기 능력을 십분 발휘하는 기회를 놓치고 싶지 않을 것이다.

학교에서 왜 시험을 보는가? 시험은 '검사'의 일종이다. 무엇을 검사하는가? 학생 각자가 배운 내용을 잘 익히고 있는지를 검사하고 평가한다. 이런 평가를 통해서 학생들은 자신의 점수를 받고 석차에 따라서 한 줄로 서게 된다. 그리고 공장에서는 품질 검사를 한다. '불량품을 모조리 찾아낼 것!' '불량률

제로에 도전!' '이번 정기 감사(監査)에서는 지적받는 일이 없도록 합시다!'.

이런 검사는 개인을 하나의 '사례(cas)'로 만든다. 예를 들면 병원, 학교 체계 등에 퍼져있는 검사·시험 기술(la technique de l'examen)은 뒤섞인 채로 익명인 채로 있는 대중을 개체로 나눌 수 있다. 이러한 차별화(différenciation)는 개인들을 개별적 '사례'로 만든다.

이때 '사례'는 기술하고, 평가하고, 측정하며, 다른 개인과 비교할 수 있는 개인을 말한다. 개인들은 특정이나 척도, 차이와 평가에 따라서 특징을 부여받는다. 이를테면 학생들의 성적을 평가하는 것은 그들을 A, B, C, D, F 등으로 분류하여 평점 좌표의 한 자리 안으로 개체화한다. 각자에게는 자기만의 자리가 마련된다. 이런 방식으로 아이들, 병자들, 광인, 죄수들, 정치범들, 소비자들은 개별적인 기록 대상이 된다. 푸코는 이런 기록 방식이 개인을 객관화하고 예속시킬 수 있다고 본다. 이처럼 검사는 개인을 권력과 지식의 효과나 대상으로 만드는 방식이다.[4]

그리고 검사한 내용은 섬세하고 정밀한 기록으로 남는다. 그러므로 기록된 대상(개인)은 그 기록망에 갇힌다. 푸코는 이런 작용을 '기록하는 권력(un pouvoir d'écriture)'이라고 부른다. 검사는 개인을 일련의 기록체계에 대응시키는데, 이러한 기록들을 이용하여 지식의 영역에서 개인들을 인식가능하고, 통제가능한 대상으로 만든다.

규율적 권력은 기록을 통해 문서를 축적하고, 계열화하고, 분류하고, 범주를 구성하며, 비교 영역을 마련한다. 이 기술은 군대, 병원, 학교, 감옥 등에서 이용된다. 예를 들어서 학생기록부는 학생들의 품행, 신앙심, 지식습득 정도나 발전상태, 정신상태 등을 아는 데 도움이 된다. 인사기록카드나 병원의 진단기록이나 병력카드는 물론이고 반정부인사의 행동을 세밀하게 기록한 내용이나 소비자들의 소비성향을 기록한 고객 카드들이 어떻게 사용될지를 생각해 보자. 이런 카드를 들고 있는 자들은 기록된 채로 '알 수 있는 대상'으로 드러난 개인들을 손에 쥐고 있는 것과 같다.

검사는 위계질서를 갖춘 감시와 규격화하는 판단을 결합하면서 분할하고 분류하며, 힘과 시간을 최대한 이끌어내고, 적성을 최적화하도록 조립한다. 그것은 한 개인을 만들어내는 절차이다.(같은 책, 194/ 285-6)

이런 맥락에서 근대 규율 권력은 근대적 개인들을 지식과 실천 체계를 통하여 구성한다. 다양한 개인들은 검사하는 척도에 의해 평가받고, 일정하게 동원되고, 그 척도를 자기 행위의 나침반으로 삼는다.

지식-권력

푸코는 개인에 대한 개별적 기술(記述)체계에 주목하여, 개인들이 어떻게 과학적 담론 안에서 지식에 의해서 포착되고

권력이 작용할 수 있는 대상이 되는지를 살핀다.[5]

여기에서 개인이 누구인지 알려면 그에 대한 기록이나 기록 방식을 살피면 된다. 학생에 관한 기록부는 학생이 누구인지 알려주며, 개인의 금융 정보는 그의 경제 활동을 비롯한 생활상을 알려준다. 그리고 생활기록부나 인사 고과 기록을 작성하는 방식은 개인을 파악하는 방식을 알려준다. 그래서 푸코는 인간과학을 신체, 몸짓, 행동에 대한 (근대적 강제권이 작용한) 문서보관소(archives)에서 찾을 수 있다고 본다.(같은 책, 192-3/284)

이런 개체화과정에서 규율 권력은 개체들을 정의한다. 각 개체는 하나의 사례가 되고 개체에 관한 정보가 쌓여서 개체를 인식 가능한 대상으로 구성한다. '인간과학'은 이러한 인식 영역에서 적절한 작용지점을 찾을 수 있다. 이처럼 인간과학은 개체들을 인식론적 장(場) 안에 '알 수 있는' 대상으로 배치한다. 이런 지식이 생산하고 정리, 분류한 기록들은 권력이 최소한의 비용으로 개체를 길들이고, 유용하게 만드는 데 쓰일 수 있을 것이다.

그는 이런 바탕에서 인간과학과 권력의 공모 관계를 지적한다. 인간과학은 인간에 대한 객관적인 앎을 통해서 인간을 해방시키거나 그의 자유를 증대시키는가?

문화, 가족 제도, 언어 구조, 정치·사회적 행위, 경제 활동, 욕망과 무의식에 관한 지식은 개인을 권력이 작용하는 표적으로 삼을 수 있도록 개인을 투명하게 드러낸다. 그리고 광기,

병, 비행, 성(sexualité)을 다루는 분과 역시 개인들을 지식의 대
상으로 삼고 그들을 규정하고 분류하고 조직하는 지식을 마련
한다. 이처럼 개인들의 행동 양식, 심리 구조, 취향 등을 인식
할 수 있다면 (그런 지식이 개인들의 복지를 위해서 사용된다는
명분으로 무장한다고 하더라도) 그것을 이용할 수 있는 권력은
이미 지식으로 무장하고 있을 것이다. 카드놀이로 비유한다면
권력을 행사하는 쪽은 마주앉아 있는 개인들의 패를 이미 읽
고 있는 셈이다.

푸코는 특정한 권력 관계가 가능하기 위해서는 반드시 담론
(discours)을 생산하고 축적하고 유통할 필요가 있다고 지적한
다. 즉, 권력은 '진리'를 생산함으로써 작용한다. 이처럼 개인
에 관한 진리가 권력의 작용조건이라면 근대 권력의 특성이
억압하는 것이라기보다는 생산하는 것임을 알 수 있다.

"이제는 '배제한다' '처벌한다' '억누른다' '검열한다' '고
립시킨다' '숨긴다' '가린다' 등의 부정적인 표현으로 권력
효과를 기술하지 말아야 한다. 사실상 권력은 생산한다. 현
실적인 것(le réel)을 생산하고, 대상 영역을 생산하고, 진리
의식(儀式, spirituels de vérité)을 생산한다. 개인과 개인에
대해 취할 수 있는 지식은 이러한 생산의 영역에 속한다."
(같은 책, 196/288)

"지식의 장에 의해 상관적으로 구성되지 않고서는 권력
관계가 구성될 수 없고, 동시에 권력 관계를 전제하거나 구

성하지 않는 지식도 있을 수 없다."(Foucault, 1975, 32)

푸코는 이런 권력과 지식의 복합체를 '권력-지식(pouvoir-savoir)'이라고 부른다(물론 단순히 지식이 권력을 정당화하거나 그 수단이 되거나 그것을 은폐한다고 보는 것은 아니다). 이렇게 본다면, 한편으로 권력이 작용하기 위해서는 전제조건으로 지식이 필요하며, 다른 한편으로 권력과 무관하거나 권력을 행사하는 것을 목표로 삼지 않는 (종이 위에서만 그 '순수함'을 자랑하는) 지식은 있을 수 없다. 즉, 지식과 권력은 쌍둥이이며, 지식 자체가 권력이고 권력은 지식을 통해 작용한다.

물론 이때 권력을 정치권력으로 보아서는 안 된다. 니체는 권력-의지의 한 형태가 지식-의지라고 보았다. 진리를 추구하는 '순수한' 의지는 그 진리로 일정한 힘을 추구한다. 곧 진리를 통해서 보다 안정된 삶을 확보하려고 한다. 자연과 인간에 대해 무지한 상태에서 인간은 미래를 예측하거나 삶의 계획을 세울 수 없다. 보편타당한 진리를 안다면 자연을 이용하고 인간과 사회를 조직할 수 있을 것이다. 이런 진리는 그 자체가 목적이 아니라 자신의 삶을 위해 힘을 증대, 강화시키는 방편이다. 이런 진리는 삶에 봉사한다.

"권력은 진리 추구를 제도화하고 (학교, 군대, 병원, 감옥에서) 전문화하고, 그에 대해서 보상하거나 처벌한다. 이처럼 권력 관계는 상품, 부를 생산하는 것처럼 진리를 생산한다. 진리의 담론은 (부분적인) 결정권을 지니며, 권력의 효과를 실어 나르고 가동시킨다. 이처럼 개인들은 (권력의 효과를 지니고 있는) 진리의 담론 안에서 재판 받고, 선고받고, 분류되고, 일을 강요당하며, 사는 방식은 물론이고 죽는 방식까지 지정받는다."(Foucault, 1997, 22-3/43)

지식-권력의 장에서 권력의 메커니즘, 진리의 효과뿐만 아니라 권력의 규칙과 진리의 담론들이 지닌 권력에 주목할 필요가 있다.

완벽한 감시를 위한 장치
– 전면감시장치(le panoptisme)

원형감옥과 완전한 시선의 효과

『감시와 처벌』에서 가장 눈길을 끄는 원형감옥(panopticon)에 대해서 살펴보자. 푸코는 1791년, 영국의 공리주의 철학자 벤담(Bentham)에 의해 제안된 원형감옥에 주목한다. 이것은 죄수들을 이상적으로 감시할 수 있는 장치로 고안된 것이다.

먼저 그 장치를 보자. 원형건물 내부에는 높은 중앙탑이 있고, 그 주변에는 원형으로 배치된 독방들이 있다. 간수는 중앙탑에서 독방들을 지속적이고 전면적으로 볼 수 있다. 물론 죄수들은 완벽하게 보이지만 죄수들은 간수를 볼 수는 없다.

이것을 감옥의 이상적 모델이라고 할 때, 이것은 '모든 것을 볼 수 있는' 권력, 어떠한 그늘도 남기지 않는 '권력의 시선'을 구체화한 것이다. 권력은 이 장치로 범죄라는 위험스러운 것을 (완전하게) 장악하려고 한다. 모든 범죄를 밝은 빛 속에 둘 것! 어떠한 범죄도 이 시선을 벗어날 수 없게 감시할 것! 이런 기획을 통해서 사회에 부정적인 모든 범죄를 뿌리 뽑거나, 적어도 투명하게 관리하려고 한다. 이런 합리적 감시장치는 (계몽적 이성이 그 빛으로 어둠을 밝히듯이) 권력의 시선이라는 밝은 시선으로 어둠의 세계를 추방하려는 것이다.

이 장치의 작용에 주목한다면 이것은 '모든 것을 감시할 수 있다(pan-opticon)'는 점에서 전면감시장치라고 할 수 있다. 이런 전면감시장치에서 독방에 갇힌 죄수들은 '완전하게 개체화되고' '항상 바깥의 시선에 노출되어' 있다(감시당하는 자는 '보여지지만 볼 수는 없나' 그는 정보의 대상일 뿐, 의사소통에서 주체가 아니다). 푸코는 이것을 '고독한 배우가 연기하는 무대'(같은 책, 202/295)에 비유한다.[6]

전통적인 형벌체계에서는 죄수들을 보이지 않는 곳에 가두고 시선에서 숨겼다. 이와 달리 이 장치는 오히려 충분한 빛과 감시자의 시선으로 죄수를 '가시성'의 공간에 드러낸다(같은 곳).

푸코는 이런 감시체계에서 (그 목적과 의미보다는) 기능적 측면에 주목한다. 어떤 점 때문인가? 특이하게도 이 장치는 권력을 '자동적으로' 기능하도록 한다.

감금된 자는 투명한 가시성에 사로잡힌 상태에서, 감시탑에

감시자가 없는 경우에도 감시당하는 자는 그 시선이 항상 자기를 보고 있다고 여기게 된다. 감시자는 한 눈을 팔다가도 꼭 엉뚱한 짓을 할 때면 보고 있지 않은가? 또 항의하거나 위반한다고 하더라도 그것이 감시를 염두에 둔 것일 수밖에 없을 것이다. 감금된 자의 모든 행위가 원리적으로 노출되어 있다는 점이 그를 제한하고 그의 행동을 규정한다. 이런 건축물은 권력을 행사하는 사람으로부터 독립된 권력 관계를 산출하는 기계(장치)이다.(같은 책, 202-3/297)

홍미롭게도 바로 감금된 자가 이 장치를 작동시킨다. 개체들은 자기 안에 권력의 감시하는 '눈'을 갖는다. 처음에는 외부의 시선이 원하는 대로 자신을 조절하게 된다(규칙에 따르지 않음으로써 굳이 처벌을 자청할 필요가 있을까? 알아서 내 쪽에서 어차피 지켜야 하는 규칙을 지키는 것이 좋지 않을까?). 이런 권력의 시선을 자기 안에 지닌 개체는 순종하는 태도를 익힌다(물론 그가 때때로 반항하더라도 이 규칙을 완전히 무시할 수는 없다).

이처럼 개체들은 권력 관계를 내면화하여 스스로를 관찰하고 감시한다. 개체들은 권력의 기준을 자기 자신의 기준으로 삼는다. 카프카의 작품에 나오는 주인공들은 어떠한가? 개인들은 보이지 않는 관료기구가 그들을 완전하게 감시하고 장악한다고 믿는다. 보다 역설적인 것은 그들이 관료기구가 그처럼 완전할 수 없음을 알고 있다고 하더라도 그들은 행동할 때 '마치 그렇게 믿는 것처럼' 행동한다

전면감시장치의 다양한 이용

전면감시장치는 완력을 쓰지 않고 자발적으로, 조용하게 운영되면서 효과를 나타내는 메커니즘을 구성할 수 있다. 이것은 건물과 기하학적 배치를 이용할 뿐 다른 물리적 폭력 수단을 사용하지 않으면서도 개인에게 곧바로 작용한다. 이것은 '권력의 경제'에 따라서 권력이 감시하는 대상의 수는 늘이면서 권력행사자의 수는 줄일 수 있다. 또한 그것은 언제나 개입할 수 있고, 지속적인 압력을 행사할 수 있다.(같은 책, 207-8/304)

푸코는 이 장치가 감옥에서 범죄자(또는 비행자)를 효과적으로 관리하는 것에 그친다고 보지 않는다. 이런 권력의 시선은 감옥에만 국한된 것이 아니라 사회 전반에 대하여 '감시의 일반 원리'로 작용할 수 있기 때문이다. 이런 시선은 사회의 다양한 제도적 공간을 관통할 수 있다.

어떤 점에서 이 장치를 일반적인 감시 장치로 다양한 대상에 이용할 수 있는가? 그것이 감시하는 장치이기 때문인가? 그래서 학교에서 학생들을 죄수처럼 감시하고, 병원에서도 환자를 죄수 취급한다는 얘기인가? 아니면 그 작동방식 때문인가?

이 장치는 그것에 어떠한 내용을 담더라도 같은 효과를 얻을 수 있다. 곧 이 장치는 광인, 환자, 죄수, 노동자, 학생 등의 모든 '개체'를 대상으로 삼을 수 있다. 예를 들어 이것을 통제 장치로 이용한다면, 관리책임자는 모든 고용인을 감시하여 바라는 효과를 얻을 수 있을 것이다. 이것은 죄수를 교화하는 효과, 병자를 간호하고 학생을 교육하며, 광인을 가두고, 노동자를 감시하거나 태만한 자들을 일하도록 하는 효과를 얻을 수 있다.(같은 책, 207/303)

푸코는 전면감시장치가 권력의 작용을 '자동적인 것'으로, 비인격적인 것으로 만드는 점에 주목한다. 이 장치는 비주체적으로 작용한다. 곧 이 장치가 확보하는 권력의 원천에 특정한 인물이 있을 필요는 없다. 여기에서 누가 권력을 행사하는가는 중요하지 않다. '누구라도' 이 장치를 작동시킬 수 있다.

그리고 이 장치를 작동시키는 의도나 동기에 따라서 기능이 달라지지 않는다. 즉, 이 장치의 효과는 주체의 의도와 무관하다. 전면감시장치를 장난삼아서 이용하는 경우이거나 진지하게 인간의 본성을 탐구하려는 철학자의 지적 호기심이거나, 몰래 훔쳐보기 위한 것이거나에 상관없이 이 장치는 '똑같이' 작용한다. 재미로 작동시키는 쪽이 덜 효과적인 것도, 진지한 쪽이 더 바람직한 것도 아니므로 (주체의 의도보다는) 이 장치가 산출하는 일정한 효과에 주목해야 할 것이다.(Foucault, 1975, 203-4/298) 이런 점은 앞에서 권력의 작용을 주체나 그의 의도로부터 분석할 필요가 없다고 한 것에 연결된다.

그러면 이 장치가 어떤 사회적 이익을 줄 수 있는가? 또는 이런 감시체계가 어떤 이유로 정당화되는가?

벤담이 제안한 원형감옥을 사회적 공리를 최대화하는 — 쾌락의 양을 늘이고 고통의 양을 줄이기 — 전략에 연결시키면,

이 장치는 소극적으로 부정적인 것을 줄이는 것에 그치지 않고 적극적으로 효율성을 높이는 방향으로 사회를 조직하는데 이용될 수 있을 것이다. 곧 전면감시장치 같은 테크놀로지를 가장 경제적이고 효율적으로 사용한다면 사회 전체의 역량을 증대시킬 수 있다. 단순한 기술 장치만으로도 "생산을 증대시키고, 경제를 발전시키며, 교육 기회를 넓히고, 공중도덕의 수준을 높이는 것으로 증가와 다양함"(같은 책, 209/306)을 얻을 수 있다.

물론 푸코는 사회적 효용성을 증대시키려는 요구가 규율 장치의 다양한 기술들을 사용하도록 하는 점에 주목한다. 이런 양상은 권력이 사회 토대의 가장 세밀한 단위에 이르기까지 지속적으로 행사될 수 있는 경우에 권력을 강화하면서 동시에 생산을 증대시키는 모습으로 나타닌다.(같은 책, 209-10/306) 이런 생산적인 장치는 학교에서는 지식과 능력을 생산하고, 병원에서는 건강을 생산하고, 군대에서는 파괴력을 생산한다.

이런 규율은 빼앗고 폭력을 가하는 전통적인 방식이 아니라 '부드럽게 작용하면서 생산과 이익을 늘이는(douceur-pro-duction-profit)' 원칙에 따른다.(같은 책, 221/320) 규율은 이 원칙에 따라 다수의 인간과 다양한 생산기구들을 합리적으로 조정한다.[7]

푸코는 이런 규율의 사회적 맥락을 검토한다. 앞에서 보았듯이 규율은 개체화 전략을 사용한다. 이런 방식은 효용을 증대시키고, 가장 신속하고 비용이 적은 수단을 이용한다.

나아가 규율은 집단 다수 위에 군림하지 않고 조직 안에 있으며, 그 방식은 가장 신중하고 다른 기능과 밀접한 연결을 맺는다. 위계질서적 감시와 판단 같은 익명적 수단으로 집단을 조직한다. 결국 권력은 그 모습을 화려하게 드러내지 않으면서 권력이 작용하는 대상을 교묘한 방식으로 객관화한다. 요컨대 규율은 집단 다수의 유용성을 증대시키고 다수를 유용하게 만들기 위한 세밀한 기술적 고안의 집합체이다.(같은 책, 221-2/320-1)

이처럼 근대 사회에서 개인들은 사회 질서 안에서 힘과 신체를 길들이는 세심한 전술에 의해 만들어진다. 여기에서 개인들은 '톱니바퀴'로서 기능한다. 이런 개인이란 요소들은 권력의 작용에 포위된 채로 전면감시기계(la machine panoptique) 안에서 스스로 이것을 작동시킨다.(같은 책, 218-9/317)[8]

그런데 이런 권력의 작용으로 사회적 효용성을 증대시키는 점이 역설적으로 주체에 대한 지배를 낳지는 않는가? 예를 들어 휴머니즘의 관점에서 이런 효용성의 비인간적 측면에 분노할 수 있을 것이다.

하지만 찬성과 반대에 앞서서 이런 장치가 효율성을 추구하는 합리적인 사회에서 널리 사용될 때, 어떻게 개인들의 행위를 틀 지우는가에 주목할 필요가 있다. 보다 효과적인 학습법, 보다 생산적인 노동과정, 보다 효율적인 치료를 위해서 이런 장치를 사용한다고 할 때 어떻게 거부할 수 있을 것인가?[9]

이런 전면감시장치가 『감시와 처벌』에서 가장 인상적이라
고들 한다. 어떤 점 때문일까? 감시의 극단적 형태이기 때문인
가? 이보다는 그것이 '이성적' 장치라는 점 때문이 아닐까?
(물론 이성 자체보다도 이것을 제도화하고 정당화하는 방식이 문
제이다) 곧 개인들의 삶에 합리성의 낙인을 찍어서 '주체화·예
속화하는 방식'에 놀라지 않을 수 없을 것이다.

이 장치는 이성의 빛을 구체화하는 것으로도 볼 수 있다.
이 경우 전면감시장치는 모든 것이 투명하게 보이는 세계를
추구할 것이다. 끔찍하지 않을까? 어둠의 보호가 사라진 공간,
어떠한 그늘도 없이 이성의 명료함이 세계를 밝게 비추는 세
계를 누가 반길 것인가? 이것은 어떠한 그늘도 없이 이성의
불빛이 밝게 비추는 세계일 것이다. 근대적 합리성이 모든 신
비가 제거된(ent-mystifiziert) 세계, 주술이 사라진(ent-zaubert)
세계를 만들 수 있거나 이런 방향을 지향한다면, 바로 이런 장
치가 이성적 권력, 모든 것을 투명하게 인식하려는 시도를 가
장 잘 보여줄 수 있을 것이다.

전면감시가 일반화된 사회에서 과연 어디에 이성의 빛을
피할 만한 곳이 있을까? 이성의 빛을 밝힘으로써 인간을 해방
시킨다고 주장한 계몽은 바로 전면감시장치에서 그 유토피아
를 찾을지도 모른다. 이성은 그것이 사회를 투명하게 관리하
는 만큼 개인들의 능력을 그만큼 줄인다.

전면감시장치와 그것을 이용하는 측은 나쁜 의도를 지닌
것도 아니고 사악한 목표를 지향하는 것도 아니다. 어떤 '더

나은' 의도와 '보다 훌륭한' 목표를 내세워 그 작용을 저지할 수 있을까? 일단 이 장치가 다양한 사회 영역에서 유용하다고 증명된다면 그 방향을 거슬러 '보다 적은 효율'을 추구할 수 있을까? 보다 '인간적인' 방향에서 이런 '비인간적' 장치를 제거할 수 있을까? 그 '밝은' 눈을 버리고 불투명함, 어둠 속을 헤맬 것인가? 학습효과가 나쁘지만 보다 인간적인 교육 방식을, 생산성이 낮지만 보다 가족적인 작업장의 분위기를, 전투력이 저하되더라도 화기애애한 방식으로 훈련을 이끄는 쪽을 일반적인 원리로 채택할 수 있을까?

이와 같은 투명함이 인간의 자유를 보장하리라고 기대하기는 어려울 것이다. 또한 이성이 사회를 투명하게 관리하는 힘을 증가시키는 만큼 개인들의 능력을 증대시킨다고 보기도 어려울 것이다. 이런 맥락에서 이성이 해방의 선구자인지, 동시에 예속과 지배의 수단인지에 대하여 검토할 필요가 있을 것이다.

푸코는 전자감시사회의 예언자인가?

이런 전면감시장치가 현대 기술의 도움으로 전자감시사회라는 형태로 나타난다고 보는 견해가 있다. 이 견해는 푸코를 전자감시사회의 예언자, 또는 이런 주제에 대한 전형적인 예인 『1984년』을 구체화한 것으로 볼 것이다. 과연 그러한가?

먼저 현대적 기술로 무장한 전자감시사회의 예를 보자. 통합된 전자망 형태를 갖춘 현대의 커뮤니케이션과 정보 테크놀로지는 이러한 권력의 동원체계를 변형·확장시킬 수 있다. 이른바 전자망 사회(wired society)의 루프 안테나와 회로, 전자망을 염두에 둔다면 사회 전체에서 일어나는 행동들을 '중앙집중적'이고 은밀하게 조사·관찰·감시·기록할 수 있는 테크놀로지 체계가 구축될 수 있다.

예를 들어서 케이블 TV 네트워크는 금전거래나 통신교환의 세목과 함께 방영물에 대한 소비자 기호를 측정할 수 있다. 정보은행의 네트워크는 개인이나 집단의 활동이나 거래, 욕망에 대한 정보를 모으고 저장한다. 이것이 바로 감시카메라의 시대이며, 도청의 시대, 첨단적이고 통합된 경찰 컴퓨터 시스템 시대이다. 개인들은 (개별적으로) 전산화된 감시자들에게 보이고 인식될 수 있는 자료가 된다. 개인은 전면감시장치에서처럼 '감시 대상일 뿐 커뮤니케이션의 주체가 아니고', 그들은 '보여질 뿐 볼 수 없다'.

또한 전자망 사회는 개별화되고 영구적인 문서를 이용하는 체계이다. 관찰되고 조사받는 개인에 관한 정보가 계속 기록되고 파일에 저장된다. 개인들은 이런 기술들에 의해 파악된다. 전자망은 원형감옥 같은 건축물의 공간적이고 시간적인 제약을 극복하여, 미세한 거미줄 같은 전면감시장치의 꿈을 보다 쉽고, 더 효과적으로 실현시킬 수 있다. 주체에 대한 일방적이고 전면적인 감시라는 원리는 서류철로 구체화된다. 개인에 관한 꼼꼼한 기록이 담긴 서류철에서 개인들은 전면적인 기록 대상이 된다.

통신망과 그것이 산출하는 데이터 베이스는 벽과 창문, 망루나 감시자가 없는 전면감시장치를 이룬다. 개인들은 사회보장카드·운전면허증·신용카드·도서관 출입증 등을 언제나 소지하고 다니면서 지속적으로 사용해야 한다. 이 결과 모든 거래는 데이터 베이스에 기록되고 저장된다. 이때 감시자 없이도 개인들 스스로가 데이터 베이스를 채운다. 그들은 정보의 원천일 뿐만 아니라 정보의 기록자이기도 하다. 가정 통신망은 이러한 현상의 최신식 완결이다. 이를테면 소비자는 생산자의 데이터베이스와 연결된 모뎀을 통해 물품을 주문하고 이러한 구매행위를 통해 자신에 관한 데이터를 곧바로 생산자의 데이터 베이스에 기입한다.

이런 전자감시사회를 과연 전면감시장치의 발전된 형태라고 할 수 있는가? 현상적으로는 푸코가 제시한 전면감시장치의 '완벽한' 감시와 '부드러운' 작용들이 잘 나타나 있다. 하지만 이 경우에 푸코가 지적하는 근대 권력의 주요한 특징인 중심 없는 권력, 주체의 의지로부터 독립된 작용 등에 대해서 어떻게 보는지에 주목할 필요가 있다.

그런데 지금의 틀은 전통적 관점 — 권력은 그것을 지닌 자가 소유한 실체로 여기고 권력자의 의지에 따라 행사된다고 봄 — 을 그대로 유지하면서 다만 현대적 장치를 덧붙인 것은 아닌가? 이런 전자감시방식을 통해서 권력자나 중앙집중화된 권력체가 새로운 기술로 보다 쉽고 효과적으로 권력을 행사하고 개인들을 장악한다. 푸코는 이런 경우에 아직도 '왕의 목이 잘리지 않았다'고 지적할 것이다.

영화 「데몰리션 맨 *Demolition Man*」의 한 장면을 보자. 주인공이 아무도 자기를 보지 않는 길거리에서 욕을 하자, 벌금고지서가 발부된다. 나중에 그는 이것을 이용하여 일부러 몇 번 욕함으로써 휴지가 없는 그 곳에서 필요한 것을 구하여 화장실로 간다. 이것은 잘 짜여진 사회에서 약간의 '원시적' 일탈을 보여 준다. 이런 도시에서 개인의 행동뿐만 아니라 사고와 감정까지도 누군가가 보거나 알고 있다고 생각할 수 있다. 하지만 이런 과장된 상상보다는 이런 감시망을 '전능한 자'에게서 찾는 점이 문제이다. 곧 이런 일상에 대한 완벽한 감시는 그 도시를 만든 자, (전능함을 가장하는) '사회창조자'의 의도를 보다 간교하고 노골적으로 드러낸다. 『1984년』이 상정하는 완전한 권력자가 통치하는 숨 막히는 세계에 대한 상상도 이런 맥락이라고 할 수 있다.

이런 권력은 전통적인 권력자를 단지 전자권력자로 바꾼 점을 제외하고는 어떠한 새로운 권력 작용도 보여 주지 못한다. 절대 군주라고 하더라도 적절한 과학적 지식을 갖추거나 과학자를 거느리고 있다면 똑같은 방식으로 군림할 수 있을 것이다(하지만 전자감시사회에서 모든 것을 알고 모든 것을 볼 수 있는 유일한 감시자를 상정할 필요는 없다).[10]

우리는 이런 전자감시사회에 관한 논의가 기계적으로 권력의 작용을 파악하면서도 모든 것을 움켜쥐고 있는 권력을 충분히 설명할 수 있다고 생각하는 점에서 낡은 관점과 새로운 기법을 절충한 틀에 지나지 않음을 볼 수 있다. 집중화된 권력이나 제도화된 권력에 매달리는 관점으로는 근대적 권력을 설명할 수 없고, 사회 전체를 새로운 테크놀로지로 장악하는 권력자 주체나 그의 사악하거나 선한 의지를 상정하는 것은 전통적 왕의 모습에 얽매이는 것이다. 그리고 권력 관계가 경제, 정치, 성 관계, 대인 관계 등 다른 관계들 '안'에 들어있다는 점에 주목하면, 전자감시사회를 장악한 세력의 정치적, 경제적 이해를 달성하기 위해 기술적 혁신만을 내세우는 것은 다양한 관계와 권력의 뒤얽힘을 단순화한다.

따라서 근대 권력의 작용을 분석하는 연장선상에서 전자감시사회를 주제화할 때 권력의 새로운 전략을 잘 드러내는 방식을 택할 필요가 있을 것이다. 물론 기술적인 수법의 혁신이 아니라 구체적인 분석을 통해서 조용한 전쟁에 주목해야 할 것이다. 이런 분석에서 푸코의 논의는 좋은 안내자가 될 것이다.

이런 점과 관련하여 푸코의 권력 분석 틀이 권력을 보는 관점을 어떻게 바꾸어 놓았는지를 재확인하기 위해서 들뢰즈의 지적을 참조하기로 하자. 그는 푸코의 틀을 그가 폐기시키려는 전통적인 관점들과 대비시켜 정식화한다.(Deleuze, 1986, 25-30)

① 전통적인 관점은 권력을 소유물로 가정한다. 곧 권력을 특정 계급에 의해 획득되는 소유물로 보는 것이다. 이에 대해서 푸코는 권력이 소유물이 아니라 '전략'이라고 본다(물론 이런 기능주의 관점이 계급의 존재나 계급투쟁을 부정하는 것은 아

니다).

② 권력이 일정한 위치를 갖는다 — 위치한정(localisation) —
는 가정은 권력이 국가권력이며 국가기구 안에 있다고 본다.
이와 달리 푸코는 국가 자체도 하나의 중심을 갖는 것이 아니
라, 권력이 작용하는 복합적인 수준들의 결합체로 본다. 그리
고 푸코가 현대사회를 규율 사회로 볼 때, 규율이 기구나 제도
와 동일한 것은 아니며, 그것은 권력의 한 유형으로서 기구들
과 제도들을 가로지르면서 그것들을 연결시키거나 작동시키
는 테크놀로지이다.

③ 전통적 관점은 예를 들어서 국가권력이 생산양식과 하
부구조에 종속된다고 주장한다.

④ 전통적 관점은 권력의 본질이나 고유한 속성을 가정한
다. 곧 권력이 일정한 본질을 지니며, 지배자의 속성이라고 가
정한다. 이와 달리 푸코는 권력이 본질을 갖지 않으며, 조작적
인(operational) 것이고, 속성이 아니라 관계라고 본다.

⑤ 권력의 양태에 대한 전통적 관점은 권력이 폭력이나 이
데올로기로 작용한다고 가정한다. 그런데 푸코는 권력이 정신
을 향할 때에도 이데올로기로 작용하지 않으며, 육체를 노릴
때에도 반드시 폭력이나 억압으로 작용하는 것은 아니라고 본
다. 그는 권력이 억압하기 전에 특정한 실재를 만들어 내고,
이데올로기화하기 전에 진리를 생산한다고 본다.

⑥ 전통적 관점은 권력의 합법성을 가정한다. 곧 국가권력
은 법에 의해 표현되며, 법은 평화 상태나 승리한 전쟁의 결과

로 이해된다. 그런데 푸코는 법과 불법은 대립하며, 이때 법은
불법에 대한 관리체계라고 본다. 따라서 법은 전쟁 자체이며,
그 전쟁의 전략에 지나지 않는다.

생명을 관리하는 권력(bio-pouvoir) − 성의 문제 틀

성 담론의 생산

이제 일상생활에서 작용되는 권력의 구체적인 분석의 한 예로 '성'을 대상으로 삼는 권력과 개인들의 '생명'을 관리하는 권력의 문제를 살펴보자. 근대 규율의 작용과 맞물려서 '성(sexualité)' '생명'을 관리하는 권력 장치는 어떻게 작용하는가?

푸코는 근대적 주체가 형성되는 절차를 살피기 위하여 두 가지 질문을 던진다. 성이란 문제 틀과 관련하여 '성 장치는 어떻게 근대적 욕망을 만드는가?' 생명과 관련하여 '생명을 관리하는 권력은 어떻게 근대적 생명−주체를 만드는가?'

먼저 푸코는 성이 억압된 것이라는 주장, 곧 억압 가설을 문제삼는다. 그는 권력이 '긍정적인' 방식으로 작용한다는 점을 '성'의 문제 틀에 연결시켜, 권력이 성을 억압한다는 관점을 거부한다. 이런 지적은 기존의 관점이 사회적 억압을 모델로 삼아 성을 억압한다고 보는 점에 의문을 제기한다.

이런 억압 가설은 사회 권력이 개인의 은밀한 성을 억압함으로써 개인들이 성적 억압을 비롯한 모든 정치·경제·이데올로기적 억압을 쉽게 수용하게 된다고 주장한다. 하지만 이런 가설은 성적 권력을 설명하는데 그리 효과적이지 않다. 만약 성 해방론자의 주장처럼 성이 억압되어 있다면 이런 억압에 어떻게 대항할 수 있을까? 이런 주장에 따른다면 성이 억압된 상황에서 누구도 성에 대해서 공공연하게 얘기할 수 없고, 어둠 속에서만 얘기되거나 비유를 통해서만 간접적으로 표현될 수밖에 없을 것이다. 그리고 이것에 맞서는 해방전략은 성을 공공연하게 떠드는 것이면 될 것이다. 그렇다면 수업에서, 드라마에서, 예술 작품에서, 정치 무대에서 성을 직접적으로 얘기하면 금지되고 숨겨지고 억압되었던 성이 해방되는 것이 아닌가? 나아가 성을 기피하지 않고 성적 만족을 더욱더 추구하면 되지 않겠는가? 충분한 성적 만족이 있는 곳에는 억압이 없지 않은가?

실제로 서구 사회는 물론이고 우리 주변에서도 다양한 방식으로 성을 얘기하고 성을 눈앞에 펼치고 성을 포장한 상품을 팔면서 성을 친근하게 만드는 시도들로 넘쳐난다. 그러면 이런 상황은 성이 해방된 상황이고 이런 성을 자연스럽게 애

기하는 이들은 해방의 전사인가?

푸코는 간접적으로 답한다. 그는 성을 극단적으로 억압한 중세적 체제에서 어떻게 성이 다양한 방식으로 말해지는지를 보여 주기 위해서 고해성사 기록부를 살핀다. 이 기록부는 금지된 성에 대해서 말하도록 하는 방식의 하나이다. 이런 장치는 자신의 비밀스러운 성을 일정한 틀에 따라서 고백하도록 함으로써 성이 '억압된' 상황에서도 개인들이 수다스럽게 성을 얘기하도록 한다.

이런 장치에 노출된 개인들은 자신의 은밀한 진리가 담긴 자신의 성을 세부적으로 고백하고, 성적 장치를 활용하는 권력은 진리의 이름으로 개인의 (성적) 진리를 검사하고 감시한다. 한편으로 이러한 성에 관한 담론은 끊임없이 자극되고, 다른 한편으로는 이런 '지식 추구 의지(la volonté de savoir ; der Wille zur Wahrheit)'는 개인의 은밀한 심층에까지 침투하여 양심의 규제 장치를 작동시켜 성과 관련된 권력-지식을 구성한다.

이처럼 푸코가 보기에 성에 관한 담론은 억압되거나, 금지된 것이라기보다는, 일정한 틀에 따라 생산·조절된다. 그는 매우 복잡하고 다양한 성 장치(le dispositif de sexualité)가 작동하는 메커니즘에 주목한다. 그래서 제도·실천·담론들에서 개체의 핵심에 성을 자리잡게 하는 권력의 테크놀로지를 문제삼는다. 이것은 침묵하고 잠자코 있지 않고, 놀랄 정도로 수다스럽게 담론을 '증식시킨다'. 그리고 이런 다양한 성을 권력 장치(le dispositif de pouvoir)가 관리한다. 이렇게 볼 때 성 장치는

'성에 관한 담론 영역들'을 조직하면서 성을 일정하게 생산하고 소비한다.

그는 서구에 특징적인 성 과학(scientia sexualis) - 그는 동양의 성애술을 이것과 대비시킨다 - 이 성에 관한 참된 담론을 생산하기 위한 다양한 장치를 작동시킨다고 본다. 이 장치가 근대인을 '성적 인간', 자신의 성을 고백하는 인간, 자신의 성·욕망에서 자신의 진리를 찾는 인간으로 구성한다.

근대는 중세의 고백장치 대신에 인구통계학, 생물학, 의학, 정신병리학, 심리학, 윤리학, 교육학, 정치비판 등에서 다양한 형태의 담론들을 생산한다. "질병에 대한 투쟁이 죄에 대한 투쟁을, 건강에 대한 배려가 구원을, 의사가 고해자를 대체하고, 위생적 규제 장치는 양심의 규제 장치를 계승한다."(M-F. Côte-Jallade, 1985, 87) 성 담론은 자녀와 부모, 학생과 교사, 환자와 정신병 의사, 전문가와 비행자 사이에서 심문, 진찰, 자전적 이야기, 편지 등을 통해서 생산된다.(Foucault, 1976, 46 ; 84-5) 이러한 담론들과 성 장치들은 성을 관찰하고, 건강한 성을 제시하고, 일탈을 감시하고 규제한다.

예를 들어, 18세기 이래 교육제도는 어린이들의 성에 침묵을 강요하기보다는 성에 관한 담론들을 관리하는 방향을 택했다. "당신의 아이가 몰래 자위를 즐기지 않는지 잘 살피시오!" 부모는 아이가 금지된 성적 만족을 즐기지 못하도록 아이에게서 눈을 떼지 않을 것이다. 부모는 아이의 건강과 건전한 정신을 위하여 교사와 전문가의 조언에 따라서 아이의 성적 진리를 찾아내려 한다.

푸코는 아이들의 성적 욕망에 대해 말하는 것, 교육자, 의사, 행정관, 부모로 하여금 그것에 대해 말하거나 그들에게 말하게 하는 것, 어린이들에게 규범적인 인식을 강요하는 것 등을 통해 성적 권력이 강화되고 그에 관련된 담론이 증가하는 점을 지적한다. 이처럼 18세기 이래 어린이와 청소년의 성은 중요한 쟁점이었고, 그것을 둘러싸고 수많은 장치들과 담론 전략들이 펼쳐졌다.(같은 책, 41-2)

푸코는 이처럼 지식을 생산하고 담론을 증식시키고 쾌락을 유인하면서 그것을 작동지점으로 삼아 권력을 작동시키는 메커니즘들의 출현과 작용조건을 살핀다. 이런 분석은 '지식의 의지'에 들어있는 '권력의 전략'을 드러낸다.(같은 책, 94-98)

이처럼 그는 서구 문명이 엄청난 성 담론을 증가시켰다고 독특하게 진단한다.(같은 책, 45-6) 18세기 이래 성은 일반화된 담론을 낳는다. 이런 성 담론들은 권력 바깥에 있는 것도, 그것에 대항하는 것도 아니다. 오히려 권력 행사의 수단으로 작용한다. 그것은 성을 말하게 하고, 듣고 기록하는 장치들, 관찰하고 질문하여 정식화하는 절차들을 마련한다. 서구 문명은 개인들에게 자신의 성을 담론화하라는 명령으로부터, 경제학, 교육학, 의학, 사법의 영역에서 성 담론을 부추기고 정리하고 제도화하는 메커니즘을 낳았다. 서구 문명은 성에 관해 수다스럽게 이야기한다.

성 장치가 작용하는 영역과 그 전략

그러면 성 장치는 어디에서 작동하는가? 또 그것은 무엇을 공격의 표적으로 삼는가?

물론 모든 사회에 통용되고 성의 모든 현상들을 포괄하는 단일한 전략은 없다. 푸코는 18세기 이래 서구 사회에서 성에 대한 지식과 권력의 특수한 장치들을 발전시킨 전략을 찾는다. 그는 19세기에 성을 공격하는 몇 가지 주요 지점들에서 다양하게 작용하는 전략들을 제시한다. 그것은 히스테리성 여성, 자위하는 어린이, 산아 제한하는 부부, 변태적 성 등이다. 이 가운데 몇 가지만 살펴보자.

먼저 여성 신체를 히스테리화하는 전략은 여성 신체를 성으로 충만한 것으로 여긴다. 그런 에너지는 현실적 조건이 여의치 않을 때 불만족 때문에 신체적 이상으로 나타나곤 한다. 히스테리는 자기 몸에 성적 불만족을 새기는 것이라고 할 수 있다. 따라서 이런 여성 신체에 대한 병리학은 잠재적 위험을 지닌 성에 대해서 관리하고 치료하고자 한다. 이것은 여성을 성적 존재로 파악하고 그것을 관리하고 치료할 의학적 실천이 필요하다고 주장한다.(같은 책, 137)

성 장치는 어린이의 성을 교육의 틀에 포함시킨다. 이런 관점에서 모든 어린이는 성적 활동에 몰두하거나 그렇게 하기 쉬운 존재가 된다. 물론 이러한 성적 활동은 바람직하지 않은 것이다. 따라서 부모, 교사, 의사, 심리학자는 어린이의 성을 떠맡

아서 어린이들을 성에서 멀리 떼어놓기 위하여 개입하고, 지도
하고, 감시한다. 이것은 주로 자위에 대한 싸움으로 나타난다.
(같은 책, 138-9) 교사와 의사들은 어린이들의 쾌락을 추적하고
그런 위험이 있는 곳이면 감시 장치를 마련한다. 이런 맥락에
서 푸코는 성적 권력이 아이들의 성적 악습을 들이대며 가정이
란 공간에서 그 영향력을 확대한다고 본다.(같은 책, 57-8)

　　또한 성 장치는 생식활동을 사회적으로 관리(socialisation)한
다. 경제적 측면에서 부부의 생식력을 문제삼아 필요에 따라
서 격려하거나 제한한다. "아이를 둘만 낳으셔야죠" "남녀를
가리지 말아야지요" "국가를 위해서 아이를 많이 낳아야 합니
다. 양육은 국가가 책임집니다." 이것은 정치적 측면에서 사회
에 대한 부부의 책임을 문제삼거나, 의학적 측면에서 생식활
동을 관리하는 것으로도 나타난다.(같은 책, 138) 성적 권력이
부부의 침실 주변에서 맴돌고 있다.11)

　　푸코는 이런 권력의 전략이 성을 억압하거나 거세하지 않
고 성(sexualité)을 일정하게 생산한다고 본다. 따라서 지식과
권력의 전략은 긍정적인 방식으로 작동한다. 곧 신체를 자극
하고, 쾌락을 증대시키고, 성 담론을 부추긴다. 이와 함께 성
에 관한 인식을 마련하고, 건전한 방향으로 통제한다.(같은 책,
139)12)

　　이런 점을 우리 주제와 연결시켜 보자. 푸코는 이러한 장치
가 일정한 지식-권력 복합체로서 근대 주체의 내밀한 경험을
조직하여 (그들의 진리를 엿보게 하는 성 담론을 생산하여) 진리

의 정치학 아래 둔다고 본다. 이런 권력이 작동하는 방식뿐만 아니라 성적 담론들이 성 장치의 배치에 따라서 조직, 생산, 유통되는 점에 주목할 필요가 있다. 달리 표현하면, 바로 성 장치의 배치에 따라서 성적 담론들이 만들어지고 유통된다. 이런 점에서 성 장치는 근대적 성 경험, 담론이란 질료들을 일정하게 빚어낸다. 개인들의 성은 그것을 재료 삼아서 일정한 경험과 담론을 만드는 성 장치가 작용하는 장소가 된다. 이런 점에서 근대적 성 담론은 성 장치의 산물이다. 요컨대 근대 개인들은 성 장치로 조건 지워진 공간 안에서 '성'을 통해서 자신의 진리를 탐색한다.

생명을 관리하는 권력

푸코는 성 장치와 함께 '성'을 포함하여 '생명'을 관리하는 장치에 관심을 갖는다. 그는 17세기 이래 생명에 대한 권력이 두 형태로 전개된다고 본다.(같은 책, 182-3)

그 하나는 (앞에서 본) 규율적 권력의 절차, 신체에 대한 해부-정치학(anatomo-politique)이다. 이것은 신체를 대상으로 삼아서 신체를 훈련시키고, 신체적 능력을 최대한으로 활용하고, 신체를 유용하게 하거나 순종하게 하여 신체를 효과적으로 통제한다.

다른 하나는 18세기 중엽에 형성된 것으로서, 인구(population)를 대상으로 삼는 생명관리정치학(bio-politique)이다. 이것은 종개념의 신체를 대상으로 삼아 증식, 출생률과 사망률, 건강, 수명, 장수 등과 이와 관련된 조건들에 주목한다.

푸코는 신체에 대한 규율과 인구 조절이 생명을 조직하는 권력의 두 극을 이룬다고 본다. 이제 두 번째 극을 중심으로 성에 대한 권력의 작용을 살펴보자.

18세기에는 '인구'가 정치·경제적 문제로 제기된다. 이에 따라 성은 치안(police)의 문제가 된다. 이것은 (엄격한 금지가 아니라) 유용하고 공적인 담론들로 성을 규제한다. 국가 기구는 출생률, 결혼 연령, 합법적 출생과 비합법적 출생, 성 관계의 조숙함과 빈도, 성 관계를 임신(불임)으로 이끄는 방법, 독신생활이나 금기의 효과, 피임관행들의 영향을 분석한다.(같은 책, 36) 국가와 시민들은 성과 성적 실천을 알고, 통제하려 한다. 국가와 개인 모두가 성을 공공연한 쟁섬으로 삼아서 담론, 지식, 분석, 명령들의 조직망으로 성을 둘러싼다.(같은 책, 37)

이런 점에서 신체에 대한 규율적 권력과 함께 다른 종류의 권력이 생명을 관리, 조절하는 방식으로 나타난다(이 권력은 규율과 다르지만 어느 정도 겹치기도 한다). 그러면 이제 성 정치학에서 생명관리권력으로 초점을 옮겨 보자.

푸코는 시대적 변화에 따라 18세기 말에 새로운 성의 테크놀로지가 나타난다고 본다. 이것은 앞에서 보았듯이 교육, 의학, 경제 등을 매개로 성을 사회체 전체와 개인 스스로가 감시하도록 한다. 그것은 세 축, 즉 어린이의 특수한 성을 목표로 하는 교육의 축, 여성에 고유한 성을 목표로 하는 의학의 축,

자연발생적이거나 계획된 출산 조절이 목표인 인구통계학의 축으로 전개된다.(같은 책, 153-5)

19세기에 들어오면서 사정이 바뀌어 성에 관한 의학이 일반의학으로부터 분리된다. 성도착에 관한 의학적-심리적 영역이 개척되고, 유전 분석에 힘입어 성(성적 관계, 성병, 부부의 결합, 성도착)은 인간 종에 대한 생물학적 책임과 관련된다. 성은 고유한 질병에 걸릴 수 있는 것이고, 미래 세대와 연결되는 것이다. 따라서 결혼, 출산, 생존에 대한 국가적 관리가 의학적, 정치적 기획과 맞물린다. 성과 성의 생식력은 행정적으로 관리된다.(같은 책, 155-6)

이런 틀에서 푸코는 생명을 관리하고 그것을 최대한으로 이용하고 조절하려는 권력의 작용에 주목한다. 이제 문제가 바뀐다. '근대적 개인의 생명은 어떻게 관리되는가?'

푸코에 따르면 고전주의 시대에 다양한 규율들이 발전하고, 정치와 경제 영역에서 출생률, 장수, 공중보건, 주거, 이주의 문제들이 출현하고, 신체에 대한 예측과 주민을 통제하기 위한 다양한 기술들이 나타남으로써 생명관리권력이 작용한다.

이런 맥락에서 근대 권력의 두 가지 전개 방향을 구분할 수 있다.(같은 책, 184-5)

1) 규율의 측면에서는 군대나 학교와 같은 제도들에서, 전술, 견습, 교육, 사회의 질서를 문제삼는다. 2)인구조절(régulation de population)의 측면에서 인구통계학의 출현, 자원과 주민 사이의 관계에 대한 고려, 부와 그것의 유통, 다양한 생명과 그것의

지속기간을 도표화하는 것 등이 있다.

이렇게 본다면 앞에서 다룬 성 장치는 이러한 배치 가운데 하나이다. 그러므로 일련의 전술들은 신체에 대한 규율이라는 목적과 인구의 조절이라는 목적을 다양하게 결합시키면서 성에 관한 기술로 작동한다.(같은 책, 192-3)

푸코는 이러한 배경에서 성이 갖는 정치적 의미를 살핀다. 앞에서 지적했듯이 서구 역사에서 생명에 근거를 둔 정치적 테크놀로지는 두 축으로 전개된다. 그 하나는 신체에 대한 규율이고, 다른 하나는 인구의 조절이다. 이처럼 성은 동시에 두 장부(registres)에 기록된다. 한편으로는 세밀한 감시, 끊임없는 통제, 꼼꼼한 공간적 구획, 의학적-심리적 검사, 신체에 대한 미시-권력들로 나타나고, 다른 한편으로는 대규모 조치, 통계학적 평가, 사회체 전체나 집단에 대한 개입으로 나타난다. 이런 두 축에서 성은 규율의 모태(matrice)이자 조절 원리이다.(같은 책, 192)

푸코가 보기에 규율 권력과 생명관리 권력의 두 축은 근대의 정치, 경제적 배치를 가능케 하는 조건이다. 규율 권력에 의해서 생산된 근대적 신체와 생명관리 권력의 생명에 대한 배려는 근대 개인의 의식, 정치적 배치, 경제적 활용을 가능케 한다. 이런 가능 조건에 바탕을 둔 근대적 배치는 일정하게 분절되어서 성 정치학, 생명과 건강에 관한 다양한 관리체계로 구체화된다.

성적 억압은 사회적 억압의 바탕인가?

이런 생명관리 권력과 관련하여 다시 성적 억압의 문제를 살펴보자. 성이 억압된다고 보는 관점에서 이 억압을 사회적 억압과 관련짓는 시도가 갖는 허점을 지적해보자. 과연 성적 억압과 사회적 억압을 연결시킬 수 있는가?

성의 역사를 억압의 역사로 보고, 이 억압이 노동력을 활용하기 위한 것으로 보려면, 성에 대한 통제는 가난한 계층을 대상으로 그들을 유용한 생산력의 담당자로 만들기 위한 것이어야 한다. 그들의 힘을 노동활동에 투입하도록 하려면, 에너지를 성에 투입하는 것을 막아야 한다.

프로이트에 따르면, '사랑(Liebe)'에 대한 욕망을 금지하거나 억압해서 그 에너지를 '허기(Hunger)'를 메울 노동으로 돌려놓는 승화작업이 문화의 존속에 필수적이다. 즉, 개인들의 쾌락원칙을 현실원칙에 굴복시키거나 적절하게 조화시켜야 한다. 욕망을 최소한의 사랑에 묶어두고 성 에너지를 관리하여 안전한 방향으로, 사회를 유지하는 방향으로 돌려야 한다. 이런 노력 때문에 문화는 개인들의 불만스러움(Unbehagen)을 대가로 유지될 수밖에 없다. 그렇지만 이런 희생은 문화를 안전하게 유지하기 위해 치러야 할 '불가피한' 대가일 것이다.

그러나 푸코는 이런 억압이론에 따르지 않는다. 그는 19세기에 전개된 전략들에 비추어 성적 억압과 사회적 억압을 연결시키는 관점을 재검토한다. 그는 성적 억압이 사회적 억압의 산물이라고 보지 않는다. 이를테면 초기 자본주의 단계에서 성 에너지의 지출을 막아 노동력을 확보하고, 부부 생활, 자녀 조절을 통해 재생산을 마련하려고 성을 억압한다고 보지 않는다.(같은 책, 150-1)[13] 이것은 성 장치가 금기의 법보다는 기술적 수단을 이용하고, 성을 억압하기보다는 성을 생산하기 때문이다.

급진적인 성 해방론자인 라이히는 권위주의적 가족에서 이루어지는 성적 억압, 금기가 전체주의 사회의 억압적 체계를 자연스럽게 받아들이는 효과를 낳는다고 본다. 그는 성적 억압에 바탕을 둔 가족과 그에 따른 권위적 성격(갑옷)은 권위적인 사회를 생산하는 작은 공장이라고 본다. 그는 마르크스주의의 경제 혁명의 바탕을 욕망의 혁명, 성 혁명에서 찾고 전통적인 성도덕을 앞세우는 억압의 정치학을 거부한다. 그는 욕망의 자율적 충족을 원리로 내세워 사랑, 노동, 지식의 공동체에 의해서 성적 자율권을 요구한다.

이처럼 라이히는 성 장치를 보편적 억압과 관련짓고, 그러한 억압이 전반적인 지배와 착취 메커니즘의 바탕이 된다고 본다. 즉, 성적 억압에 대한 역사적-정치적 비판을 가하고 그 억압과 지배, 착취로부터 해방되어야 한다고 주장한다. 그런데 푸코는 성에 대한 혁명, 억압에 대항하는 투쟁은 환상적 투쟁일 수 있으며, 그것은 성 장치 안에 머무를 수밖에 없거나, 기껏해야 전술적인 자리바꿈(déplacement), 뒤집기에 지나지 않는다고 지적한다.(같은 책, 173)

이러한 지적은 성 억압에 관한 사회·정치적 비판은 물론이고 성 억압 자체에 대한 주장의 근거가 되는 '성 자체'란 허구적 개념에 대한 비판과 연결된다. 푸코는 성 장치에 의해 산출된 성(sexualité)과는 다른 '성 자체(le sexe)'를 추구하는 태도를 비판한다. 이 태도가 권력 장치와 무관한 성이나 순수한 본질을 상정하기 때문이다. 라이히는 억압에 의해 왜곡되거나 도착되어진 욕망이 아니라 완전한 만족을 주는 성을 추구하는 것이 억압적 권력을 해체하는 것이라고 생각한다. 푸코는 이처럼 현상적으로 왜곡된 성 때문에 은폐된 '기의'가 된 순수한 성 자체의 관념이야말로 바로 성 장치가 만들어낸 것이라고 본다.

이런 '성 자체'란 관념은 법과 금기의 권력이 바람직한 만족의 길을 가로막는 것에만 주목한다. 그런데 이런 '성'은 개인을 해방시키는 자율적인 것이 아니다. 그것은 성 장치에서 가장 관념적이고 내면적인 요소일 뿐이다.(같은 책, 204-5)

'성 자체'란 상상물은 성 장치를 작동하도록 성적 욕망(le désir du sexe)을 낳고 그것을 바람직한 것으로 보게 한다. 이것은 성을 소유하고 싶도록, 성을 발견하고 해방시키고 담론으로 진술하고 진리로 표현하도록 이끈다. 만약 이런 성적 만족이 불가능하다면 그것은 현실적인 장애 때문이다. 이처럼 '바람직한' 성을 추구하는 태도는 개인들이 성을 금지하는 권력에 맞서서 자신들의 (성적) 권리를 주장해야 한다고 주장한다.(같은 책, 207)

앞에서 지적했듯이 '바람직한 성'은 바로 권력의 장치 안에서 구성된 것이다. 그렇다면 성(sexe)을 긍정하는 것으로 권력을 부정할 수는 없다. 오히려 그것은 성 장치 안에 머무르는 것일 뿐이다. '더 많은' 성, '더 큰' 성적 쾌락을 추구하는 것은 성 자체를 강화한다.(같은 책, 207-8)

푸코는 19세기 이래 사람들의 삶의 목표는 정치적인 것이 아니라 생명이라고 본다. 그것은 근본 욕구, 인간의 구체적 본질, 인간이 지닌 잠재성의 실현, 풍부한 가능성을 지닌 삶이다. 푸코는 정치적 투쟁이 전면에 나타난 경우에도 그 쟁점은 법(불법)이 아니라 생명이라고 본다. 생명, 신체, 건강, 행복, 욕구의 만족에 대한 '권리', 모든 억압과 소외를 넘어서서 인간의 참모습과 모든 가능성을 되찾을 권리가 모든 새로운 권력 절차들에 대한 정치적 반응이다.(같은 책, 190-1)

마지막으로 생명관리 권력에 대한 포괄적인 논의 대신에 이것이 자본주의 사회와 관련하여 어떤 방식으로 작용하는지 살펴보자. 푸코는 (긍정적·생산적인) 권력 장치가 자본주의 전개와 일정한 관계가 있으며, 그것은 자본주의를 생산하는 작용을 한다고 본다.(같은 책, 188) 그는 18세기에 서구에서 자본주의가 발전한 현상을 베버처럼 금욕적 도덕과 연결시키지 않는다. 그는 역사, 정치 기술(la technique politique)의 영역에서 '생명'이 등장한 점에 주목한다. 생물학적인 생명이 정치에 반영되면서 서구인은 생물 종으로서, 신체의 생존 조건, 삶의 개연성, 개인과 집단의 건강, 가변적인 체력을 가장 적절하게 배분하는 것을 중시한다. 이러한 생명을 관리하는 역사(bio-histoire)는 생명관리권력에 대응된다. 이런 권력은 생명을 그 메커니즘들을 통제하고 관리하는 권력-지식에 편입한다.

푸코는 이러한 생명관리권력이 자본주의 발전에 불가결하다고 본다. 자본주의는 생산체제 안으로 신체를 편입하여 유용하고 순종하는 신체를 만드는데 그치지 않고, 신체와 인구를 증가시키고, 그것들을 강화하고자 한다. 그는 종래 모델처럼 거대한 권력기구(국가기구들)들이 생산 관계를 유지시키는 측면보다는 사회체(le coprs social)의 모든 수준들에서 작용하는 권력 기술인 해부-정치학적, 생체관리-정치학의 장치들의 작용에 더 중점을 둔다. 이런 측면이 경제과정을 유지시키고 사회적 차별과 위계화는 물론이고 지배와 헤게모니를 보장한다.

푸코는 생명관리 권력이 인력의 축적을 자본의 축적에 맞추어 조절하고 집단들의 증가를 생산력의 확대와 이윤의 차별적 분배에 결부시키는 것이 자본의 운동과 사회관계의 바탕을 마련한다고 본다. 이를 위해서는 살아있는 신체에 투자하고, 그것에 가치를 부여하고 그것이 지닌 힘을 분배할 필요가 있다.(같은 책, 185-6) 이런 설명이 타당하다면 신체, 생명에 대한 관리는 자본주의적 생산의 조건이 된다.

앞에서 규율권력에서도 지적했듯이 근대적 노동체계는 근대적 형식의 신체를 생산하는 권력의 작용을 전제한다. 마찬가지로 자본 축적은 생명에 대한 일정한 관리를 바탕으로 진행될 수 있다. 물론 이때 생명관리권력을 자본주의적 생산의 요청에 따른 것으로 보기보다는 생명관리권력의 작동이 자본주의를 가능케 하는 조건이라고 보아야 할 것이다.

이런 생명관리권력에 대한 논의는 이후에 통치성(gouverne-mentalité)의 틀로 보완되지만, 이어서 그는 새로운 문제제기로 윤리적 주체에 관한 논의로 방향을 바꾼다.[14]

계몽주의에 대한 비판적 태도

그러면 이제 권력 분석 틀에 대한 평가를 대신하여 푸코의 논의가 갖는 함의를 간략하게 정리하도록 하자. 여기에서는 푸코가 계몽에 대해서 어떻게 평가하고 비판적 태도에 계몽을 어떻게 연결시키면서 자신의 작업을 자리매김하는지를 보고자 한다.

그는 계몽주의적 사고 틀을 잘 대변하는 칸트의 「계몽이란 무엇인가?」를 '다르게' 읽는다. 이런 독해는 계몽적 비판을 더욱 철저하게 하고, 나아가 그 경계를 위반하려는 것이다. 그는 칸트가 계몽을 자신의 이성을 사용하는 성숙함, 자율성으로 정의한 것을 '비판'과 연결시킨다. 이제 계몽과 성숙함은 고정된 사고 틀에 머무르지 않고 비판적 이성을 사용하는 용기를 갖는 것이다. 물론 '비판적' 이성을 사용하는 것은 가장 익숙하고 자연스러운 것으로 여겨지는 가정을 철저하게 검토하는 것이다.

그러면 그는 근대성과 관련하여 계몽을 어떻게 이해하는가? 그는 근대성에 대해서 그것을 역사의 한 시대로 보지 않고 하나의 '태도'로 본다. 근대가 전통과 단절된 것이라면 이것은 스스로를 정당화해야 하는 새로운 출발점이다. 이처럼 근대성은 전통에 대한 결별, 새 것에 대한 감수성, 시간의 불연속성에 대한 의식을 갖는다. 그는 보들레르를 참조하여 근대적 태도를 현재 안에 있는 영원한 것을 포착하려는 노력으로 본다. (Foucault, 1984/1993, 67).

보들레르는 『근대적 삶의 영웅주의』에서 근대의 영웅을 절대적으로 초월적 세계를 거부하고, 창조자이면서 그의 작품과 함께 다양한 세계에 뛰어드는 사람, 홀로 통속적인 것에서 '특수한 것'을 찾아내는 사람으로 본다. 그는 독특한 것을 창조하기 위해 일상적 차원에서 일상에 대한 경계를 늦추지 않고 '거리를 유지하는' 고독한 삶의 태도, 댄디이즘(dandyism)을 제시한다.(Baudelaire, 493-6) 이런 태도는 스스로를 (세련되게) 만들어야 할 대상으로 여긴다. 따라서 근대인은 자신을 고안·발명하려고 노력한다.

이런 맥락에서 푸코는 근대에 만들어진 개인들의 '주체'를 의문시하고 근대적 '자기'가 주체로 만들어지는 과정을 분석한다. 그는 계몽을 주제로 삼아서, 역사적 시대에 대해 끊임없

이 비판하는 태도로 서구적 계몽이 형성되는 지형을 분석하고
자 한다. 그래서 계몽의 동일성이 숨기고 있는 차이, 우연, 권
력-지식의 놀이를 드러내고자 한다. 곧 계몽이란 문제 틀 자
체에 대해 질문한다. '역사적으로 특수한' 형식인 계몽적 이성
을 어떻게 이해할 것인가?

서구 역사에서 계몽은 진리의 진보와 자유의 역사를 결합
시키는 시도였다. 즉, 계몽은 진리의 성장이 바로 주체의 자유
를 확대시킨다고 믿는다. 푸코는 이런 믿음에 따라서 계몽에
찬성할 것인가, 반대할 것인가에 대한 선택을 강요하는 태도
가 바람직한지를 질문한다.(Foucault, 1984/1993, 69)

그는 이런 선택 앞에서 하나의 입장을 택하기보다는 그 질
문이 제기되는 공간을 분석한다. 즉, '계몽은 본래 무엇인가'
라는 질문에 대해 '계몽은 어떤 맥락에서 어떻게 작용하는가'
라고 다시 묻는다. 곧 그는 계몽이 어떠한 지식과 실천의 공간
에서 마련되는가를 질문한다. 계몽적 이성은 억압적인가 아니
면 해방적인가? 이처럼 그는 이 질문에 답하기보다는 이성이
작용하는 지형을 분석하고 그것이 어떤 권력의지와 연결되는
지를 살핀다.

비판적 태도는 특정한 시대에 자연스럽거나 필연적인 것으
로 여겨지는 시대적 경계들에 대해서 질문한다. 이런 경계-태
도(l'attitude-limite)는 주어진 경계 안에서 마련된 사고와 행위
의 궤도를 그대로 따라가는 것이 아니라 그 경계를 '위반'하
는 사고와 실천을 모색한다.(같은 글, 70) 이처럼 비판이란 경

계를 분석하고 반성하는 것이다. 그는 일정한 경계, 문제제기가 사고와 실천의 영역을 마름질하고, 그런 문제제기가 초역사적 보편성을 가장하는 것을 폭로하고자 한다.

푸코는 스스로를 주체로 아는 개인들을 말하고, 행위하고, 사고하도록 만드는 사건들을 '역사적'으로 탐구하면서 고고학적이며 계보학적인 비판적 방법을 사용한다.[15]

이 가운데 계보학은, 예를 들어 광기, 질병, 성, 비행(非行), 인간에 관해 자명하다고 주장하는 것의 바탕을 탐색한다. 계보학은 각 국면(conjoncture)에서 자명하다고 여기는 것들의 기초를 탐색하고, 현재 지니고 있는 정상적인 관념들이 어떻게 생성되었는지를 드러낸다.[16] 이를 통해 그것들을 낯설게 보이도록 한다. 개인들이 지닌 현재의 관념은 특정한 시대에 특정한 방식으로 진리와 권력이 결합하여 구성된 것이다. 이처럼 특정한 '문제제기(problématisation)'는 한 시기에 '사고할 수 있는 것'과 '사고할 수 없는 것'을 한정하여 참·거짓을 구분하고 '진리효과'를 만들어낸다.

그는 이런 분석으로 현재의 개인들을 만든 필연성에 들어 있는 우연성을 지적하고, 주어진 경계를 넘어서서 새로운 존재 양식, 새로운 실천과 사고의 가능성을 모색한다. 곧 개인들을 일정한 구조에 배치하는 경계를 비판적으로 검토하면서 새로운 자유의 영역을 모색한다. 이런 '비판적 존재론'은 구체적인 변화 노력과 연결되어 그 현실 안에서 변화 가능하고 그 바람직한 지점을 파악해야 한다.(같은 글, 71-2)[17]

푸코는 계몽의 선입견을 지적하기 위해 '이성적 능력의 확대가 개인들의 자율성과 자유를 증대시키는가'를 질문한다. 이는 계몽적 기획에 능력과 권력 사이의 역설이 있기 때문이다. 18세기 계몽주의는 사회계약을 통해 이성적인 공동체를 건설하려 했고, 개인들 상호간의 균형 있는 성장을 추구했다. 서구 역사는 능력을 획득하고, 자유를 얻기 위해 투쟁하였다. 그런데 계몽의 믿음과 달리 능력의 성장이 자율성을 증대시키지는 않았다. 실제 역사에서 개인적 능력의 성장이 그들을 자율적인 존재로 만들어주기보다는 그들을 예속시킨다.(같은 책, 72)

앞에서 본 미시권력의 작용에서처럼 근대 사회의 권력 테크놀로지들은 잘 계산되고 조직된 방식으로 개인들의 신체를 길들인다. 푸코는 이성적 능력을 신장시키는 계몽의 기획이 보다 이성적인 사회관리를 위해 개인들을 권력의 그물망으로 감싼다고 본다. 개인들은 그들이 추구한 것처럼 권력으로부터 자유로워지는 것이 아니라 오히려 권력의 작용에 따라 움직일 뿐이다. 따라서 푸코는 개인들에게 작동하는 다양한 미시권력들에 대한 해부학, 다양한 감시들, 규범화(normalisation) 과정들을 분석한다. 그는 이런 점에서 이성적 능력 증대에만 관심을 쏟는 것이 아니라 개인의 능력 증대가 '권력 관계를 강화하지 않는' 형태를 모색한다.

이처럼 푸코는 근대적 개인들을 역사적으로 결정된 존재라고 본다. 즉, 근대 주체는 근대적 담론장치와 그것의 권력작용에 따른 산물이다. 또한 그는 이성과 계몽의 보편적 성격을 역사적 맥락에서 이해한다. 그는 어떤 조건과 지식-권력의 배치가 이성과 계몽을 특권적인 것으로 합리화하는지를 분석한다. 그는 서구적 주체가 자신을 구성하는 방식을 분석하기 위해 지식, 권력, 윤리적 틀이 어떤 공간에서 서구의 정상적인 주체를 생산하는가를 추적한다. 따라서 그의 작업은 이성이나 계몽의 초역사적 보편성을 수용하는 것이 아니라 그러한 해방적 담론이 작용하는 공간에서 그것이 어떻게 작용하면서 개인들을 그 질서에 편입시키는지를 살핀다.[18]

주

1) 앞은 불어본, 뒤의 것은 번역본의 쪽수이다.
2) 이런 근대적 시간은 어떤 의미를 갖는가? 규율적 절차는 직
   선적인 시간으로 각 순간들이 통합되어 최종적인 지점을 지
   향하게 한다. 이것은 '진화하는' 시간이다. 푸코는 이 시기에
   행정과 경제의 통제 기술에 의해 일정한 방향으로 축적되는
   '사회적' 시간이 출현했다고 본다. 한편, 규율적 기술은 시간
   계열들을 통해 개인을 생성한다는 의미에서 진화를 발견한
   다. 푸코는 사회적 진보와 개인의 '단계적' 형성이라는 18세
   기의 중요한 발견이 권력의 새로운 기술이나 시간을 관리하
   고 이용하는 방식과 관련된 것으로 본다. 따라서 그는 진화
   의 역사성을 권력의 기능방식과 관련지을 수 있다고 본다.
   (같은 책, 162/241) 따라서 직선적으로 진화하는 시간이라는
   시간의 철학은 규율이 신체를 형성하는 절차라는 경험적 현
   실을 추상적으로 재구성한 것이다. 요컨대 근대적 시간은 근
   대 규율의 산물이다.
3) 푸코는 이와 관련하여 18세기 철학자들과 법학자들이 사회
   에 대한 기술적 통제를 이상적 모델로 보는 관점이 마련된다
   고 본다. 이러한 시각은 근대 사회 공학의 한 면을 보여 준
   다. 규율이 생산하는 신체들과 그것들의 조합, 나아가 사회-
   기계의 기능적 효율성이 사회체 자체를 유용한 기계로 만드
   는 것을 모델로 삼는다. 규율은 "간단한 용수철 장치에 의해
   서 큰 효과를 낼 수 있는 거대 기계"(같은 책, 171/252)를 꿈
   꾼다. 이처럼 기술적 기계 장치를 이상적인 사회 구성 형식
   으로 보는 관점은 규율의 전략에 따라 합리적 계산과 합목적
   성을 추구하는 관점이기도 하다.
4) 이것은 정신병리학에서 교육학까지, 질병을 진단하는데서 노
   동력을 고용하는 데까지 확산된 조작적 도식이다. 예를 들어
   병원에서 환자에 대한 진찰과 검사를 통해 환자를 검사대상
   으로 삼는 방법은 병원을 검사하는 장치(appareil à examiner)
   로 전환시킨다.(같은 책, 189/276-7)
5) 예를 들어서 광인은 정신병리학에서 정신병자란 대상으로

되고 정신병원에서 치료받아야 한다. 교육학은 아이들을 교육받아야 할 대상으로 삼고 일정한 지식의 틀로 그를 규정한다. 마케팅 이론과 광고학은 소비자들을 대상으로 그들의 행동을 예측, 인도한다.

6) 예를 바꾸어 정치범에게 자신의 모든 것을 고백하라고 요구하는 경우나 잘못한 것을 모두 써내라는 교사의 요구도 비행자를 권력의 시선이 노려보는 무대 위에 세우는 것이라고 할 수 있을 것이다. "너의 모든 잘못을 털어놓으면 용서받을 수 있다. 하지만 숨김없이 모든 것을 밝혀야 한다."

7) 푸코는 규율이 사회적 효용을 증대시켜야 한다는 요구가 역사적 상황과 맞물린다고 본다(물론 그가 규율을 사회의 경제적 토대를 반영하는 것으로는 보는 것은 아니다). 18세기에 늘어난 인구(통제할 집단들의 양적 규모 증대)와 생산기구의 증대에 대응하기 위해서 양자의 상호 관계를 조절할 필요가 생긴다. 규율의 발전은 이에 부응하려는 것이다.(같은 책, 220/ 319) 따라서 종래의 비효율적 권력기구 대신에 새로운 규율이 요구된다. 그러면 이런 규율의 발전을 근대 자본주의란 경제적 배경과 연결시켜 볼 수는 없을까? 푸코는 서구의 경제적 도약이 가능하려면 자본축적뿐만 아니라 '인간축적을 관리하는 방식'이 필요하다고 본다. 실제로 인간과 자본의 축적은 상관적이다. 그러므로 인간을 부양하면서 동시에 생산기구를 확장하지 않는다면 인구축적 문제는 해결될 수 없다. 반대로 누적된 집단을 유용하게 노동하도록 하는 기술은 자본축적운동을 가속화한다. 즉, 생산기구상의 기술적 변화, 노동 분업, 규율 절차를 정교하게 하는 것은 서로 밀접하게 관련된다. 이런 지적은 자본주의의 생산적 토대가 생산기구를 효과적으로 작동시키는 절차들을 자동적으로 만들어낸다고 보는 견해를 보완할 수 있다. 이렇게 볼 때, 자본주의 경제의 확장은 그 구체적인 작동을 가능케 하는 규율 권력을 낳았고, 그것을 일반화한 양식, 힘과 신체를 복종시키는 방식인 정치 해부학은 다양한 정치기구나 제도로 이용된다.

8) 규율은 개체화 전략을 사용하여 효용을 증대시키고, 가장 신속하고 비용이 적은 수단을 이용한다. 나아가 규율은 집단 다수 위에 군림하지 않고 조직 안에 있으며, 그 방식은 가장

신중하고 다른 기능과 밀접한 연결을 맺는다. 위계질서적 감시와 제재 같은 익명적 수단으로 집단을 조직한다. 결국 권력은 그 모습을 화려하게 드러내지 않으면서 권력이 작용하는 대상을 교묘한 방식으로 객관화한다. 요컨대 규율은 집단 다수의 유용성을 증대시키고 다수를 유용하게 만들기 위한 세밀한 기술적 고안의 집합체이다.(같은 책, 221-2/320-1)

9) 푸코는 근대 사회를 고대 사회와 대비시킨다. 그는 근대 서구 사회가 "스펙터클의 사회가 아니라 감시하는 사회"라고 본다.(같은 책, 218/317) 고대는 공적인 생활, 성대한 축제 등으로 이루어지는 '다수의 인간이 소수의 대상을 관찰하는' 구경거리의 문명이었다. 그러나 근대는 '극소수 또는 단 한사람이 대다수의 집단의 모습을 순식간에 보는' 사회이다.

10) 영화「마이너리티 리포트」의 경우에 개인의 신분증명에 해당하는 홍채 때문에 자기가 완전하게 노출된 사회를 보여 준다. 이 경우는 중앙집권화된 권력을 상정하지 않으면서, 이런 신분확인절차를 통해서 전자감시사회에서 모든 것을 아는 권력의 모습이 삶의 다양한 측면에 침투하고 이 경우에는 범죄를 예방한다는 명분으로 경찰체계에 의해서 그것이 잘 활용되고 있음을 보여 준다.

11) 그리고 성 장치는 그 이전에는 문제삼지 않았던 도착적 쾌락을 정신의학에 편입한다. 정신의학은 성적 본능을 침해할 수 있는 모든 비정상을 분석하고, 이와 관련된 행동들을 대상으로 삼는다. 보건학과 병리학은 기이한 성 양상들을 문제삼아서 도착과 일탈에 대한 교정체계를 마련한다.(같은 책, 138-140)

12) 대부분의 사회에서 성적 관계는 혼인장치(dispositif d'alliance) (결혼, 친족 관계의 고정과 전개, 성씨 및 재산상속에 관련된 제도들)를 낳지만 서구 사회에서는 18세기부터 성 장치가 중시된다. 푸코는 양자의 차이에 대해서, 전자는 사회체의 항상성을 유지하려는 것이고, 후자는 육체를 대상으로 사람들을 통제하는 것이라고 요약한다.(자세한 비교는 같은 책, 140쪽을 참조할 것) 푸코는 성이 최근의 권력 장치에 연결되어 있으며, 그것은 생식에 좌우되지 않으며 육체를 강화한다고 지적한다. 그리고 성 장치가 주도적이라고 해서 그것이 혼인

장치를 대체하지는 않는다. 성 장치는 혼인장치를 중심으로 삼고 그것에서 출발하여 정립된다. 19세기에 성 장치는 혼인 장치와 관련을 맺고, 가족 세포에 기대어 성 장치를 이루는 요소들(여성의 육체, 어린이의 조숙, 출산의 조절, 성도착자의 분류)을 전개한다.

13) 또한 후기 자본주의 단계에서 억압적 형식 대신에 신체에 관한 정책이 다양한 경로로 안전하고 건강하게 성을 유통시키면서, 과잉 억압적인 탈 승화(desublimation)를 통해서 성을 무력화한다는 견해를 받아들이지도 않는다. 마르쿠제는 프로이트가 문화를 설명하면서 현실원칙과 쾌락원칙을 대비시킨 것이 욕망에 관한 구체적인 역사적 상태를 제대로 설명하지 못한다고 본다. 그는 실행원칙과 과잉억압이란 개념을 통해 이 문제를 풀려고 한다. 특정한 시기의 현실원칙에 요구되는 억압은 문화 보존에 필요한 적절한 수준일 때 실행원칙을 지키는 것이다. 그런데 그 억압이 적절한 수준을 넘어서는 것일 때 그것은 '과잉' 억압이므로 그 과잉의 몫을 제거해야 한다고 주장할 수 있다. 마르쿠제는 이런 틀로 욕망의 역사적 형식을 구체화하여 과잉억압이 제거된 적절한 억압만을 정당한 것으로 받아들인다.

14) 이런 이유에 대해서는 그의 『성의 역사』 2권의 서문을 참고하시오.

15) 고고학은 담론에 나타난 인간의 사상을 찾거나 그 내용을 해석하여 그 의미를 밝히려 하지 않고, 담론의 기능, 작용을 고려한다. 고고학은 특정한 시대의 특정한 지식과 이론들이 가능한 조건, 바탕을 찾으려는 연구이다. 즉 지식이 어떤 질서를 이룬 공간에 따라 구성되는가를 추적한다.

푸코가 찾는 에피스테메는 바로 특정한 시대에서 사물들의 다양성을 조직하는 지식의 배치이다. 한 시대의 사고는 어떤 인식론적 기초에서, 그것을 가능케 하는 일종의 '무의식적' 토대를 갖는다. 그러한 기초는 한 문화의 조건이고 조직원리이다.

각 시대의 지식의 질서는 다른 시대의 질서와 다르다. 사람들은 서로 다른 시대에 항상 같은 틀로 사고하지 않는다. 따라서 고고학은 담론들의 형성과 변형을 기술하고 '담론의 출현조건, 불완전한 연결고리, 뚜렷한 불연속성'을 드러낸다. 각 시대에 사물들은 동일한 방식으로 이해되지 않는다. 예를 들어 '광기'는 르네상스까지는 비정상으로 분류되어서 격리되지 않았지만 계몽주의 시기 이후 (다른 사회적 일탈자들과 함께) 대규모로 감금되었다가 근대에는 정신병원에 수용되면서 정신병리학의 대상이 된다.

16) 예를 들면 '광인은 정신병자이다'란 주장은 광기를 의학의 시선으로 보는 독특한 시각이다. 모든 시대가 광인을 정신이 병든 자로 보는 것도 아니고, 그를 정신 '병원'에 감금하는 것도 아니다. 또한 '감옥은 유효한 처벌방식이다. 감옥제도는 복수하지 않고 죄수들을 교정한다'는 시각은 현실적으로 감옥이 교정장치가 아니라 범죄인 양성소처럼 작용하는 경우에도 감옥 제도를 개선, 보완하는 방식으로 대응할 뿐이다. 그리고 이것은 감옥제도로 범죄가 없어지지 않더라도 그런 범죄들의 일상적인 위협을 이용하여 치안을 유지하는 방식이 사회 질서 유지에 도움이 되기 때문이다. 이런 범행들이 끊이지 않는다면 경찰의 도움 없이는 하루도 살 수 없지 않은가?

17) 이때 푸코는 전체주의적이고 근본주의적인 기획을 거부한다. (같은 책, 71) 그는 '총체성'의 관점이 억압적이라고 본다. 그는 혁명을 통한 '전면적' 해방을 내세우는 이론이 기존 사회의 억압적 구조를 '진리'의 관점에서 비판하고 '투명한' 사회를 목표로 삼지만 권위주의적인 정치적 실천을 고무하고, 결국은 전면적 감시체계를 만든다고 경고한다. 그것이 '진리의 이름'으로 억압을 정당화하기 때문이다. 그래서 그는 '전적으로 다른' 사회, 다른 사고, 다른 문화, 다른 세계관을 산출하기 위한 총체적 프로그램을 제시하는 관점을 거부한다. 그는 보편주의적 문제제기와 총체적 해결을 추구하지 않는다. 새로운 모색은 역사 안에서 잠정적이고 국지적 형식으로 마련될 수밖에 없다. 그는 보편적 대안이 불가능할 뿐만 아니라 그것이 가능하더라도 위험하다고 본다.

그는 '비판적 존재론'이 주어진 경계들을 역사적·실천적으로 시험함으로써 자유로운 존재를 추구하는 것이라고 본다.(같은 책, 71-2) 이런 비판적 존재론은 어떠한 보편적 틀에도 매이지 않는다.

18) 푸코는 계몽이 함축하는 비판의 근본화를 계몽 너머로 밀고
나간다. 그는 계몽의 전략이 전제하는 것을 폭로하고 그 지
반을 공략한다. 계몽적 이성은 이성과 비이성을 분할하여 이
성으로 비이성이라는 타자를 배제하고, 또 권력이 작용하는
기술들로 무장하고 신체를 길들이고 주체를 생산하는 관계
망을 작용시킨다.

참고문헌

Baudelaire, Charles, *Critique d'art*, Gallimard, 1992.

Côte-Jallade, M-F. et Richaed, Michel, *Penseurs pour aujourd'hui*, Lyon, 1985(『오늘의 프랑스 사상가들』, 이상률·양운덕 옮김, 문예, 1998).

Deleuze, Gilles, *Foucault*, Minuit, 1986.

Foucault, Michel, *Les mots et les choses : Une archéologie des sciences humaines*, Gallimard, 1966.

_____, *L'archéologie du savoir*, Gallimard, 1969.

_____, *Histoire de la folie à l'âge classique*, Plon, 1972.

_____, *Surveiller et punir*, Gallimard(『감시와 처벌 : 감옥의 탄생』, 오생근 옮김, 나남, 1994).

_____, *Histoire de la sexualité*, 1, Gallimard, 1976.

_____, *Language, Counter-Memory, Practice*, Bouchard(ed), Oxford : Blackwell, 1977.

_____, *Power/Knowledge*, Gordon(ed), 1980.

_____, "Qu'est-ce que les Lumières?", *Magazine littéraire*, n.309, 1993, pp.61-73.

_____, "Il faut défendre la société", *Cours au Collège de France*, Gallimard, 1976(『사회를 보호해야 한다』, 박정자 옮김, 동문선, 1998).

The Cambridge Companion to Foucault, Gutting, Gary(ed), Cambridge Univ. Press, 1994.

Gutting, Gary, *Michel Foucault's archeology of scientific reason*, Cambridge Univ. Press, 1994.

Hoy, D(ed), *Foucault : A Critical Reader*, Basil Blackwell, 1986.

F. Nietzsche, *Zur Genealogie der Moral*, Leipzig, 1887.

미셸 푸코

펴낸날	초판 1쇄 2003년 8월 30일
	초판 15쇄 2020년 9월 20일

지은이	양운덕
펴낸이	심만수
펴낸곳	(주)살림출판사
출판등록	1989년 11월 1일 제9-210호

주소	경기도 파주시 광인사길 30
전화	031-955-1350 팩스 031-624-1356
홈페이지	http://www.sallimbooks.com
이메일	book@sallimbooks.com

ISBN	978-89-522-0125-6 04080
	978-89-522-0096-9 04080 (세트)

※ 값은 뒤표지에 있습니다.
※ 잘못 만들어진 책은 구입하신 서점에서 바꾸어 드립니다.

026 미셸 푸코 `eBook`

양운덕(고려대 철학연구소 연구교수)

더 이상 우리에게 낯설지 않지만, 그렇다고 손쉽게 다가가기엔 부담스러운 푸코라는 철학자를 '권력'이라는 열쇠를 가지고 우리에게 열어 보여 주는 책. 권력은 어떻게 작용하는가에서 논의를 시작하여 관계망 속에서의 권력과 창조적·생산적·긍정적인 힘으로서의 권력을 이야기해 준다.

027 포스트모더니즘에 대한 성찰 `eBook`

신승환(가톨릭대 철학과 교수)

포스트모더니즘의 역사와 논의를 차분히 성찰하고, 더 나아가 서구의 근대를 수용하고 변용시킨 우리의 탈근대가 어떠한 맥락에서 이해되는지를 밝힌 책. 저자는 오늘날 포스트모더니즘으로 대변되는 탈근대적 문화와 철학운동은 보편주의와 중심주의, 전체주의와 이성 중심주의에 대한 거부이며, 지금은 이 유행성의 뿌리를 성찰해 볼 때라고 주장한다.

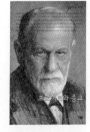

202 프로이트와 종교 `eBook`

권수영(연세대 기독상담센터 소장)

프로이트는 20세기를 대표할 만한 사상가이지만, 여전히 적지 않은 논란과 의심의 눈초리를 받고 있다. 게다가 신에 대한 믿음을 빼앗아버렸다며 종교인들은 프로이트를 용서하지 않을 기세이다. 기독교 신학자인 저자는 이 책을 통해 종교인들에게 프로이트가 여전히 유효하며, 그를 통하여 신앙이 더 건강해질 수 있다는 점을 보여 주려 한다.

427 시대의 지성 노암 촘스키 `eBook`

임기대(배재대 연구교수)

저자는 노암 촘스키를 평가함에 있어 언어학자와 진보 지식인 중 어느 한 쪽의 면모만을 따로 떼어 이야기하는 것은 불합리하다고 말한다. 이 책에서는 촘스키의 가장 핵심적인 언어이론과 그의 정치비평 중 주목할 만한 대목들이 함께 논의된다. 저자는 촘스키 이론과 사상의 본질에 다가가기 위한 이러한 시도가 나아가 서구 사상을 받아들이는 우리의 자세와도 연결된다고 믿고 있다.

024 이 땅에서 우리말로 철학하기

이기상(한국외대 철학과 교수)

우리말을 가지고 우리의 사유를 펼치고 있는 이기상 교수의 새로운 사유 제안서. 일상과 학문, 실천과 이론이 분리되어 있는 '궁핍의 시대'에 사는 우리에게 생활세계를 서양학문의 식민지화로부터 해방시키고, 서양이론의 중독으로부터 벗어나야 한다고 역설한다. 저자는 인간 중심에서 생명 중심으로의 변환과 관계론적인 세계관을 담고 있는 '사이 존재'를 제안한다.

025 중세는 정말 암흑기였나   eBook

이경재(백석대 기독교철학과 교수)

중세에 대한 친절한 입문서. 신과 인간에 대한 중세인의 의식을 다루고 있는 이 책은 어떻게 중세가 암흑시대라는 일반적인 인식을 가지게 되었는지에 대한 물음을 추적한다. 중세는 비합리적인 세계인가, 중세인의 신앙과 이성은 어떠한 관계를 갖고 있는가 등에 대한 논의를 하고 있다.

065 중국적 사유의 원형   eBook

박정근(한국외대 철학과 교수)

중국 사상의 두 뿌리인 『주역』과 『중용』을 철학적 관점에서 접근한다. '산다는 것은 무엇인가?'라는 근원적 질문으로부터 자생한 큰 흐름이 유가와 도가인데, 이 두 사유의 흐름을 거슬러 올라가다 보면 그 둘이 하나로 합쳐지는 원류를 만나게 된다. 저자는 『주역』과 『중용』에 담겨 있는 지혜야말로 중국인의 사유세계를 지배하는 원류라고 말한다.

076 피에르 부르디외와 한국사회   eBook

홍성민(동아대 정치외교학과 교수)

부르디외의 삶과 저작들을 통해 그의 사상을 쉽게 소개해 주고 이를 통해 한국사회의 변화를 호소하는 책. 저자는 부르디외가 인간의 행동이 엄격한 합리성과 계산을 근거로 행해지기보다는 일정한 기억과 습관, 그리고 사회적 전통에 영향을 받는다는 사실로부터 시작한다는 점을 강조한다.

096 철학으로 보는 문화

eBook

신응철(숭실대 인문과학연구소 연구교수)

문화와 문화철학 연구에 관심 있는 사람을 위한 길라잡이로 구상된 책. 비교적 최근에 분과학문으로 등장하기 시작한 문화철학의 논의에 반드시 들어가야 할 요소를 선택하여 제시하고, 그 핵심 내용을 제공한다. 칸트, 카시러, 반 퍼슨, 에드워드 홀, 에드워드 사이드, 새무얼 헌팅턴, 수전 손택 등의 철학자들의 문화론이 소개된다.

097 장 폴 사르트르

eBook

변광배(프랑스인문학연구모임 '시지프' 대표)

'타자'는 현대 사상에 있어 가장 중요한 개념 중 하나이다. 근대가 '자아'에 주목했다면 현대, 즉 탈근대는 '자아'의 소멸 혹은 자아의 허구성을 발견함으로써 오히려 '타자'에 관심을 갖게 되었다. 그리고 타자이론의 중심에는 사르트르가 있다. 사르트르의 시선과 타자론을 중점적으로 소개한 책.

135 주역과 운명

eBook

심의용(숭실대 강사)

주역에 대한 해설을 통해 사람들의 우환과 근심, 삶과 운명에 대한 우리의 자세를 말해 주는 책. 저자는 난해한 철학적 분석이나 독해의 문제로 우리를 데리고 가는 것이 아니라 공자, 백이, 안연, 자로, 한신 등 중국의 여러 사상가들의 사례를 통해 우리네 삶을 반추하는 방식을 취한다.

450 희망이 된 인문학

eBook

김호연(한양대 기초·융합교육원 교수)

삶 속에서 배우는 앎이야말로 인간의 운명을 바꿀 수 있는 기회를 준다. 그래서 삶이 곧 앎이고, 앎이 곧 삶이 되는 공부를 하는 것이 무엇보다 중요하다. 저자는 인문학이야말로 앎과 삶이 결합된 공부를 도울 수 있고, 모든 이들이 이 공부를 할 수 있어야 한다고 믿는다. 특히 '관계와 소통'에 초점을 맞춘 인문학의 실용적 가치, '인문학교'를 통한 실제 실천사례가 눈길을 끈다.

eBook 표시가 되어있는 도서는 전자책으로 구매가 가능합니다.

(주)살림출판사
www.sallimbooks.com
주소 경기도 파주시 문발동 522-1 | 전화 031-955-1350 | 팩스 031-955-1355